古代歷史文化^{研究}輯刊

十三編

王明蓀 主編

第 **18** 冊

清末政治改革的法律路徑
——沈家本法律改革思想研究

傅 育 著

國家圖書館出版品預行編目資料

清末政治改革的法律路徑 —— 沈家本法律改革思想研究／傅育
著 -- 初版 -- 新北市：花木蘭文化出版社，2015〔民 104〕
目 2+168 面；19×26 公分
（古代歷史文化研究輯刊 十三編；第 18 冊）
ISBN 978-986-404-028-5（精裝）
1.（清）沈家本 2. 學術思想 3. 法律哲學
618   103026957

ISBN-978-986-404-028-5

9 789864 040285

古代歷史文化研究輯刊
十三編　第十八冊　　　　ISBN：978-986-404-028-5

清末政治改革的法律路徑──沈家本法律改革思想研究

作　　者　傅育
主　　編　王明蓀
總 編 輯　杜潔祥
副總編輯　楊嘉樂
編　　輯　許郁翎
出　　版　花木蘭文化出版社
社　　長　高小娟
聯絡地址　235 新北市中和區中安街七二號十三樓
　　　　　電話：02-2923-1455／傳真：02-2923-1452
網　　址　http://www.huamulan.tw 信箱 hml810518@gmail.com
印　　刷　普羅文化出版廣告事業
初　　版　2015 年 3 月
定　　價　十三編 27 冊（精裝）台幣 52,000 元
版權所有·請勿翻印

清末政治改革的法律路徑
——沈家本法律改革思想研究

傅　育　著

作者簡介

傅育，男，1973 年出生，滿族，1996 年畢業於中國政法大學，1996 年至 2007 年在吉林省長春市朝陽人民法院任法官，2000 年至 2003 年吉林大學社會學專業學習，獲法學碩士學位，2003年至 2006 年在吉林大學政治學專業學習，獲法學博士學位，2007 年至 2010 年在吉林大學法理學博士後流動站，2010 年出站，2007 年至今在最高人民法院司法改革領導小組辦公室工作。

提　　要

　　清末政治改革作為一次由封建統治者領導的自上而下的自救運動，其歷史功績可以概括為現代社會運作架構開始建立，而沈家本主持的法律改革作為清末政治改革的最直接的路徑和最為重要的內容，推進了近代中國法律和政治的現代化。沈家本是晚清著名的法律學家，精通傳統律例，有著深厚的國學底蘊；又抱持開放的心態，積極學習和引進西方法律文化。沈家本受命主持修律期間，從「法律救國」的願望出發，以「參考古今，博稽中外」的思想為指導，力主取「彼法之善」以補「己法之不善」，積極組織翻譯西方法律著作，建立法律學堂，聘請外國法學家並在其協助下刪改舊律、制定新律，邁出了中國法律現代化的第一步。本文即是對沈家本主持的晚清法律改革之背景、動機、過程、內容、成果和意義的嘗試性探索，並以之與晚清重臣張之洞的法律改革思想展開比較，試圖較為全面地揭示近代中國法律現代化中沈家本的貢獻和局限。在社會和政治的發展中，法律扮演著一個非常重要角色，沈家本主持的法律改革作為清末政治改革的一個基本路徑，促進了近代中國的政治現代化。

目

次

緒　論

一、問題的提出與選題的意義

（一）問題的提出

中國自鴉片戰爭以來海禁大開，面臨所謂三千年未有之變局，內憂外患，國勢日危。而 19 世紀的中國對於世界一體化進程遲鈍的反應和本身近代化的滯後，導致了 19 世紀末 20 世紀初中國前所未有的失敗。經歷了半個多世紀的徘徊和抗拒，中國統治者終於認識到政治變革的必要性和迫切性，「欲救中國殘局，惟有變西法一策」開始成為國人的共識，晚清中國終於邁開了其適應性變革和政治轉型的艱難歷程。從鴉片戰爭到清朝覆滅，這一過程大致經歷了洋務運動、戊戌變法和清末新政三個階段。

國人雖然認識到中國面臨的是「數千年未有之變局」和「數千年未有之強敵」：「今則東南海疆萬餘里，各國通商傳教，來往自如，麋集京師，及各省腹地，陽托和好之名，陰懷吞噬之計，一國生事，諸國構煽，實惟數千年來未有之變局。輪船電報之速，瞬息千里，軍器機事之特，功力百倍，又為數千年來未有之強敵。」〔註1〕但抵禦列強侵略和實現富國強兵的價值取向，使得從洋務運動到戊戌變法，晚清中國的政治改革缺乏主動性，成為僅僅是對西方衝擊的簡單回應，19 世紀中國的近代化可謂步履維艱。對此，1900 年8 月清廷的一道論旨對此曾有很好的概述：「近二十年來，每有一次釁端，必申一番誥誡，臥薪嘗膽，徒託空言，理財自強，幾成習套。事過之後，徇情

〔註 1〕 李鴻章：《籌議海防摺》，載於中國史學會主編：《洋務運動》（一），上海人民
　　　　出版社，1961 年版，第 41～42 頁。

面如故，敷衍公事如故，欺飾朝廷如故。」〔註2〕

1901 年，伴隨著戰敗的民族恥辱和空前的政治危機，晚清政府被迫做出政策調整，並發動了一場旨在使中國擺脫被動挨打、走向富強獨立的現代化改良運動，史稱「清末新政」。清末新政「是以近代化為目標，以循序漸進為手段，通過文化教育、經濟、政治的全面改革，實現中國的富強獨立，實現社會的轉型。這是近代中國提出的第一個比較完備的近代化方案。」〔註3〕這是一次全面的現代化運動，然其核心是以推進憲政制度的建立為目標的政治改革。清末政治改革作為一次由封建統治者領導的自上而下的自救運動，其歷史功績可以概括為現代社會運作架構開始建立，這主要體現在現代法律體系和司法制度的建立，法律改革作為清末政治改革的最直接的路徑和最為重要的內容，推進了近代中國法律和政治的現代化。〔註4〕

中國的法律文明經過 4000 多年的發展，不僅具有與眾不同的鮮明特色，而且還具有豐富的文化內涵和深厚的人文底蘊，在歷史上曾長期的居於世界法律文明的前列，影響著世界上其它國家。然而，中國北溫帶的內陸國家的地理特徵以及自給自足的農業經濟的封閉性，一方面造成了不同文明之間傳播的障礙，從而使得一個獨立的文明系統能夠得以保存和延續，另一方面，也使得中國的法律文明，在其漫長的發展過程中，只有縱向的傳承而沒有橫向的比較與吸收。特別是清朝統治者堅持奉行閉關鎖國的政策，恪守「夷夏之防」和「以夷變夏」的傳統，使得其法律更不可能超越舊有的藩籬，到鴉片戰爭前夕，清朝其保守落後的法律，已無法調整新出現的一些法律關係。俟 1840 年鴉片戰爭爆發，西方列強用鴉片和大炮打開了清政府閉關鎖國的大門，延續了幾千年的中國傳統法律文化，也受到了西方法律文化的猛烈衝擊，在兩種截然不同的法律文化的衝突和對抗中，西方法律的優越性和中國固有法律文化的缺失都愈加凸現，清政府為了挽救其日益喪失的政府權威和延續其合法性統治，被迫下詔變法，從而艱難地邁開了晚清法律和政治變革的步伐，也開始了近代中國法律和政治現代化的進程。

〔註2〕 《光緒政要》，第二六卷。

〔註3〕 吳春梅著：《一次失控的近代化改革 —— 關於清末新政的理性思考》，安徽大學出版社，1998 年版，第 2 頁。

〔註4〕 請參見袁偉時著：《帝國落日：晚清大變局》，江西人民出版社 2003 年版，第430 頁。

在這個舊的法律思想逐漸解體乃至完全崩潰、新的法律思想逐漸形成直至確立的過程中（伴隨著新舊法律思想之間尖銳而複雜的鬥爭），一批具有遠見卓識的先進思想家發揮了巨大的作用。他們開始擺脫傳統的保守自大的文化心態，在中西文化特別是中西法律文化的激烈衝突中，保持清醒的頭腦，認識到以儒家學說為基礎的中國的傳統法律文化已經不能適應時代形勢的發展和滿足人們救亡圖存的需要，因此積極學習和汲取先進的西方民主制度和法律文化。由於他們的努力和鬥爭，中國法律的發展開始與世界法律的發展接軌，中國的法律文化開始沖決傳統的羅網和羈絆，從而開始了中國法律現代化的進程。雖然他們由於出身、地位、社會經歷以及時代的局限，不能夠完全擺脫封建主義對他們的束縛而具有某些方面的局限性，但是他們的思想成就和現實努力，當為歷史所記取。晚清法律改革中的沈家本，正是這樣一個具有代表性的人物。

沈家本（1840～1913），字子惇，號寄簃，晚清著名的法律學家。光緒九年進士，自 1864 年供職刑部，前後達 30 年之久，「以律鳴於時」，是刑部最為優秀的官員之一。光緒二十八年（1902 年）四月（5 月）初六日（13 日），清政府頒佈上諭：「現在通商交涉，事益繁多，著派沈家本、伍廷芳將一切現行律例，按照交涉情形，參酌各國法律，悉心考訂，妥為擬議，務期中外通行，有裨治理。俟修定呈覽，候旨頒行」，〔註 5〕沈家本正式受命主持修訂法律。沈家本受命主持修律期間，以「參考古今，博稽中外」的思想為指導，力主取「彼法之善」，以補「己法之不善」。為此，沈家本積極組織翻譯西方法律、法學著作和法典，建立法律學堂，聘請外國法學家擔任教學和實際的立法工作，刪改舊律、制定新律，邁出了中國法律現代化的第一步，並通過法律改革這種路徑促進了清末政治改革以及近代中國政治的現代化。

（二）選題的意義

關於中國法律現代化的起點，學界尚存在一定的爭論。有人認為如果把現代化視為一個過程，或者一種間斷式的歷史性變化，那麼中國法律的現代化就是一個西方化的過程，其開端應該定位於晚清末年；〔註 6〕有人則認為中

〔註 5〕　《大清德宗景皇帝實錄》，卷四九八。
〔註 6〕　請參見李曙光：《中國法律現代化幾個問題的探討》，見《中國法律的傳統與現代化：93 中國法律史國際研討會論文集》，中國民主法制出版社，1996 年版，第 160 頁。

國法律的現代化始於《大清新刑律》的頒佈，因爲《大清新刑律》的制定，從形式上改變了「諸法合體、民刑不分」的法律編纂體系，由於吸收了西方資產階級先進的立法成果、法律理論，使其成爲具有很大社會適應性的現代化的刑法，成爲傳統法律向現代法律過渡的分水嶺，從而啓動了中國法制現代化；〔註7〕還有人把辛亥革命及其產生的資產階級法律作爲中國法律現代化的起點，因爲之前的晚清法律改革並未產生現代形態的法律體系。〔註8〕如前所述，本文正是基於晚清法律改革的開拓性及其對中國法律發展的深刻影響，將晚清法律改革定位爲中國法律的現代化的起點。而法律現代化作爲政治現代化的一個基本路徑和一項重要內容，研究晚清法律改革，研究晚清法律改革的主持者沈家本的法律思想和實踐及其對近代中國法律的轉型的貢獻，不僅對於釐清中國法律現代化的軌跡具有極爲重要的價值，對於反思清末政治改革和近代中國政治現代化的成敗得失也具有積極的意義。

揭開塵封的過去，並不僅僅是爲了敘述那段並不遙遠的歷史。沈家本與晚清法律改革，對於我國今天的法制、政治改革和建設社會主義的法治國家依然具有強烈的啓示意義。改革是爲了改變傳統，甚至是與傳統的決裂。毋庸諱言，我們今天的改革仍然面臨著許多封建流毒和陋習的強烈的、或明或暗的阻擾和反對。僅從這一點來說，沈家本與晚清法律改革就足以引起人們的重視，因爲晚清的法律改革，是在保守勢力的重重阻擊下艱難突圍的。以沈家本爲首的改革者是如何突圍的？新舊制度是如何銜接的？如何調整不同群體之間的利益紛爭？我們可以從沈家本那裡得到一些什麼樣的經驗和教訓？這都需要我們通過研究那段歷史來尋找答案。

中國現代化的進程，一開始就面臨著中西文化的劇烈衝突，譬如近代中國的法律現代化，一開始就面臨著外來法和本土法的艱難選擇。實滕惠秀在探討近代中國何以落後的原因時曾經指出：「西洋人到中國比日本爲早，對於引入西洋文化，中國亦比日本有利，爲什麼中國的近代化事業上反比日本落

〔註7〕請參見朱昆：《〈大清新刑律〉與中國法制現代化的啓動》，載於《河南大學學報》，1998 年第 2 期。

〔註8〕請參見劉作翔：《中國法制現代化歷史道路》，載於《西北大學學報》，1999 年第 2 期；李衛東：《參與和實踐：辛亥革命與中國法制近代化》，載於《華中師範大學學報》，2001 年第 5 期；以及劉得寬：《中國的傳統法思想和現代的法發展》，載於《比較法研究》，1992 年第 4 期，原載日本《東海法學》，1989 年第 3 號。

後呢？探其原因，中國人恒認爲中國具有卓越文化，西洋人亦因此來中國。故不賞識西洋的近代化。」〔註9〕無論是近代中國爲了挽救民族危亡而被迫進行法律修訂，還是今日爲了實現國家的文明富強而銳意改革，人們都在接受、學習和借鑒西方先進法律制度和文化的過程中，總時時不忘中國傳統文化薪火相傳的沉重使命。這裡，我願意援引蘇亦工的一段文字：「自晚清『新政』以來，我國歷屆政府無不表示要在學習西方時『採彼所長，益我所短』，在『參考』外國經驗的同時也要『體察』國情，但結果卻總是事與願違。論者謂沈家本主持的法律改革開啓了我國法制現代化的先河。然而直到今天，法制現代化仍然是我們的美好憧憬。沈家本式的法律改革方案並未創造出人們所期望的那種『參考古今、博稽中西』，和諧共生的新體制；所造就的不過是一種外觀西化內裡保守的二元衝突格局。不僅泊自遠洋的先進制度未能發揮出應有的效力，中國固有法律中許多行之有效的因素也被一股腦拋棄了。古語道『前事不忘後事之師』，我們在制定當今的法律現代化方案時會否重蹈沈氏主持的清末法律改革所造成的法律西化的覆轍呢？」〔註10〕這或許正是我們今天重新審視沈家本及其主持的晚清法律改革的第一層意義所在。

　　清末政治改革雖然失敗了，但是它作爲晚清最後也最爲重要的政治改革，無論是在改革的深度和廣度以及它對後世中國政治和社會的變遷的影響等各方面，都給人們留下了豐富的經驗和教訓。然而自辛亥革命以來，由於長期高揚「革命」的政治意識，人們大多從負面評價清末政治改革，而缺少對其冷靜、理性的研究。雖然自鴉片戰爭以來近代化已成爲中國社會的主要課題，然無論洋務運動抑或是戊戌變法，都只是少數有識之士的主張，它既沒有得到社會各階層的有力支持，也沒有付諸實踐，更沒有成爲晚清政府的國策。只有清末政治改革，既是朝廷親自主導的一次體制改革，又是極具社會認同的一次政治運動，正是從這個意義上來說，清末政治改革是近代中國謀求中國政治發展和政治現代化的最早嘗試，是中國由傳統威權政治開始向近代民主政治轉型的重要標誌，是中國社會變革的非常可貴的開端，它提供了一個東方傳統中世紀社會向現代社會轉型的典型，因此無論其成就或失

〔註9〕實滕惠秀著，譚汝謙、林啓彥譯：《中國人留學日本史》，三聯書店，1983 年版，第 10 頁。

〔註10〕蘇亦工著：《明清律典與條例》，中國政法大學出版社，2000 年版，第 369頁。

敗，都蘊藏著足以啓迪後人的東西。〔註11〕這正是本文研究的清末政治改革與近代中國法律政治現代化的第二層意義所在。清末政治改革是中國近代化鏈條上的一個不可缺少的中心環節，清末政治改革所提出的問題和積累的經驗教訓，對於今天中國的政治改革當有一定的啓示。

二、沈家本研究綜論

（一）沈家本研究的基本情況

2003 年 10 月 18 日～20 日，爲紀念沈家本去世 90 週年，「沈家本與中國法律文化國際研討會」在沈家本的故鄉 —— 浙江湖州召開，對沈家本的研究可謂達到了一個巔峰。而北京大學法學院李貴連教授非常樸實的一席話卻眞實的反映了國內沈家本研究的歷史與現狀：「改革開放，把老古董從故紙堆中翻檢出來。今天，『沈家本』、『晚清法律改革』，雖然不是法學界十分流行的熱門話語，但是學界中人，對此至少並不陌生。『承前啓後』、『媒介中西』—— 20 世紀 30 年代楊鴻烈先生對這場改革主持者的定位，也被學界認同。這是中國法和中國法學的進步，也是歷史的進步。」〔註12〕李貴連教授的這個論述至少揭示了關於沈家本研究現狀的三個方面，一是改革開放之後，沈家本才進入研究者的視野，沈家本研究的工作才有了進展；二是當前沈家本的研究雖說不上繁榮，但至少爲學界所熟悉；三是沈家本在中國近代法律史上的地位基本得到了學界廣泛的承認。沈家本研究的基本情況主要體現在：

1、學術著作

專門研究沈家本的學術著作有：李光燦著，群眾出版社 1985 年出版的《評〈寄簃文存〉》；張國華、李貴連編著，北京大學出版社 1989 年出版的《沈家本年譜初編》；李貴連著，光明日報出版社 1989 年出版的《沈家本與中國

〔註11〕 請參見袁偉時著：《帝國落日：晚清大變局》，江西人民出版社 2003 年版，第 423 頁；又請參見高旺著：《晚清中國的政治轉型 —— 以清末憲政改革爲中心》，中國社會科學出版社 2003 年版，第 2～3 頁。

〔註12〕 李貴連：《法治（Rule of Law）：晚清法律改革者的理想 —— 沈家本逝世 90 週年祭》，載於「沈家本與中國法律文化國際學術研討會」組委會編：《沈家本與中國法律文化國際學術研究會論文集》（上冊），中國法制出版社，2005 年版，第 50 頁。

法律現代化》；李貴連編著，臺北成文出版社 1992 年出版的《沈家本年譜長編》；李貴連著，法律出版社 2000 年出版的《沈家本傳》；李貴連著，南京大學出版社 2005 年出版的《沈家本評傳》。另外，新近出版的中國法律史和憲政史方面的著作，對沈家本均有提及。這些著作除了李光燦的《評〈寄簃文存〉》對沈家本的著作進行了評論，其餘均是對傳記性質的專著（包括《沈家本與中國法律現代化》），其主體均是沈家本的生平以及資料的整理。

2、學術論文

關於沈家本研究已發表的學術論文，可謂是與日增長。具體年份和數量請參見下表：

1982～2005 年國內有關沈家本研究的學術論文統計表

年　份	數　量	年　份	數　量	年　份	數　量
1982	1	1990	2	1998	6
1983	5	1991	4	1999	3
1984	0	1992	2	2000	9
1985	2	1993	6	2001	12
1986	0	1994	0	2002	15
1987	0	1995	2	2003	19
1988	1	1996	1	2004	24
1989	0	1997	2	2005	21
1982～2005 年總計					135
注：以上信息來源於中國知網 www.cnki.net 中國期刊全文數據庫 筆者根據關鍵詞「沈家本」進行檢索，並對檢索結果進行了甄別與篩選。					

這些論文的研究已涉及沈家本的方方面面，主要集中於沈家本與晚清法律改革、沈家本與中國法律的現代化及其地位與作用，沈家本對傳統法律文化和西方法律文化的批判與吸收，沈家本的人權法、刑法、法治、吏治、救國、教育等方面的思想等。

3、學術會議

關於沈家本法律思想的國際學術研討會迄今已經舉辦了三次，第一次是1990 年 10 月 22 日～26 日在杭州召開的「沈家本法律思想國際學術研討

會」，第二次是 1992 年在臺北召開的「中國法制現代化之回顧及兩岸法制之發展國際學術討論會」，第三次是 2003 年 10 月 18 日～20 日在湖州召開的「沈家本與中國法律文化國際學術研討會」。第一次研討會提交的論文主要涉及沈家本的有：一是關於沈家本對中國傳統法律的研究；二是關於沈家本法制改革的研究；三是關於沈家本思想的研究，主要包括沈家本的刑法思想、吏治思想、關於法律與政治關係的思想、立法思想、會通中西的法律觀及思想實質等。〔註 13〕研討會論文集《博通古今學貫中西的法學家 —— 1990沈家本法律思想國際學術研討會論文集》1992 年由陝西人民出版社出版。第二次研討會雖然名爲紀念沈家本，事實上涉及沈家本的論文並不多，主要是大陸幾個學者的集中論述。研討會論文集《中國法制現代化之回顧與前瞻：紀念沈家本誕生一百五十二週年 —— 中國法制現代化之回顧及兩岸法制之發展國際學術討論會論文集》，1993 年有臺灣大學法學院出版。第三次研討會則主要涉及關於沈家本的傳統律學問題、修訂法律問題以及沈家本的法學與法律制度研究問題，將對沈家本與中國法律文化的諸多問題的研究推向了一個新的階段。〔註 14〕研討會論文集由中國法制出版社於 2005 年出版。

（二）沈家本研究的幾個重點問題

國內外學界對沈家本的研究，主要集中於幾個重點問題，先就其主要觀點綜述如下：

1、關於沈家本與晚清法律改革及中國法律現代化

關於沈家本與晚清法律改革及中國法律現代化的研究，一直是學界研究的焦點。對沈家本引入西學、改革法律的努力，學界素來評價頗高，學者們從各個角度盛讚沈家本爲我國近代法律界「睜眼看世界的第一人」、「媒介中西一冰人」、「鎔鑄中外法律文化的巨匠」、「中國近代法律制度的奠基人」等等，認爲其修律改制切實的推進了中國法律現代化的進程。這方面的代表作是北京大學李貴連教授的《沈家本與中國法律現代化》以及上面提到

〔註 13〕請參見柯嚴：《沈家本法律思想國際學術研討會綜述》，載於《法學研究》，1990 年第 6 期。

〔註 14〕請參見郭瑞卿：《沈家本與中國法律文化國際研討會綜述 —— 傳承文化　弘揚法治》，載於「沈家本與中國法律文化國際學術研討會」組委會編：《沈家本與中國法律文化國際學術研究會論文集》（下冊），中國法制出版社，2005年版，第 906～910 頁。

的他的其他幾部著作。李貴連教授可以說是學界沈家本研究的核心人物，他從 70 年代末在北京大學讀研究生期間就開始了對沈家本的研究，並在該領域多有建樹，可以說沈家本由一個三十年間不大爲人們提起的蒙塵「古董」，到成爲國內外學術界關注的熱點人物，與李貴連教授長期辛勤而卓越的工作是分不開的。〔註 15〕李貴連教授通過翔實的資料耙疏、富於見地的理論分析，詳細考察了沈家本在晚清法律改革及中國法律現代化中的卓越貢獻、舉足輕重的地位與重要作用，認爲沈家本「融會中西法學，促進並基本完成了中國法律的近代化。爲中國法律和法學的發展，作出了特有的貢獻」。〔註 16〕中國政法大學張晉藩教授也撰文概述了沈家本對晚清法律改革及中國法律現代化的貢獻，在充分肯定沈家本地位的基礎上，也指出了沈家本作爲封建官僚的局限性。〔註 17〕事實上，辯證的評價沈家本的貢獻的觀點，在學界並不鮮見。譬如中山大學法學院馬作武教授在肯定沈家本的歷史貢獻的同時，指出「作爲『中國法律現代化之父』的沈家本，曾因緣際會地肩負起了終結中華法系的歷史使命，但面對開拓中國法律現代化之路這一高深的課題，捉襟見肘的知識背景決定了他不可能勝任領導者的角色，勉爲其難的結果是使這一巨大工程缺乏良好基礎，從而最終將中國法律現代化引入了歧途。」〔註 18〕另外，也有學者主張重新評價沈家本與晚清修律之間的關係，認爲沈家本只不過是遵從清廷的意志完成法律改革任務，學界給予了其過高的評價。〔註 19〕

2、關於沈家本對傳統法律的研究

　　沈家本學識淵博，諳熟考據之法，他用畢生精力對中國歷代法律進行了系統的研究，其撰寫的著作被認爲是研究中國古代法律的權威性的基礎

〔註 15〕賀衛方：《沈家本傳・序》，載於李貴連著：《沈家本傳・序二》，法律出版社，2000 年版，第 1～2 頁。

〔註 16〕李貴連：《沈家本與中國法律現代化・前言》，光明日報出版社，1989 年版，第 5 頁。

〔註 17〕請參見張晉藩著：《中國法律的傳統與近代轉型・沈家本與晚清修律》，法律出版社，1999 年版，第 437～475 頁。

〔註 18〕請參見馬作武：《沈家本的局限與法律現代化的誤區》，載於《法學家》，1999 年第 4 期。

〔註 19〕請參見蘇亦工：《重評沈家本與晚清修律之關係》，載於韓延龍主編：《法律史論集》，法律出版社，1998 年版，第 191～225 頁。

文獻，其本人也被公認爲二十世紀初中國法律史研究的集大成者。這方面的研究成果較多，主要集中於沈家本對中國傳統法律研究的成果和方法。其代表性研究成果譬如張國全的《法律文獻考訂例釋 —— 沈家本考訂法律文獻的方法及其成果》一文，對沈家本考訂法律文獻的成果和方法，以例釋的方法，按目錄、版本和校勘三個方面進行了分析，並認爲沈家本的研究方法，眉目清楚、簡明實用，爲當代法律文獻學奠定了基礎。[註20] 又譬如崔永東的《沈家本與中國古代法律史研究》一文，概述了沈家本對中國古代法律史研究的出發點及其對中國傳統法律的認識；[註21] 李俊的《論沈家本對傳統律學的繼承和發展》和陳金全、陳松的《沈家本與中國法學的傳承及新生 —— 紀念沈家本先生逝世九十週年》兩文則認爲沈家本在對傳統律學的理論總結、提煉深化和批判的基礎上，有所繼承和超越而成爲中國傳統法制近代化的奠基人；[註22] 周少元、戴家巨的《從〈論故殺〉看沈家本法學研究方法》和史廣全的《從律學到法學的飛躍 —— 沈家本法學方法論初探》則重點探討了沈家本法律的研究方法，前者將沈家本的法學研究方法分爲考據注釋法、敘述評論法、縱向比較法、中西比較法和經世致用法等五種，梳理了各種方法的源流，並結合實例進行了論證，頗有創意，[註23] 後者則認爲沈家本的法學方法論變革是中國傳統律學向近代法學飛躍的重要一環，沈家本法學方法論的內容包括研究視角的轉換、歷史的方法、從縱向比較到橫向比較、批判的方法和價值分析的方法等諸方面，時至今日仍有重要的借鑒意義。[註24] 總之，學者們高度評價了沈家本對中國傳統法律研究方面取得的成果和科學的研究方法，認爲其治學經驗值得總結和借鑒。

〔註20〕 請參見張國全：《法律文獻考訂例釋 —— 沈家本考訂法律文獻的方法及其成果》，載於《政法論壇》，1992 年第 6 期。

〔註21〕 請參見崔永東：《沈家本與中國古代法律史研究》，載於《團結報》，1996 年 10 月 26 日。

〔註22〕 請參見李俊：《論沈家本對傳統律學的繼承和發展》，載於《政法論壇》，1998 年第 6 期；陳金全、陳松：《沈家本與中國法學的傳承及新生 —— 紀念沈家本逝世九十週年》，載於《現代法學》，2003 年第 5 期。

〔註23〕 請參見周少元、戴家巨：《從〈論故殺〉看沈家本法學研究方法》，載於《法制與社會發展》，2001 年第 1 期。

〔註24〕 請參見史廣全：《從律學到法學的飛躍 —— 沈家本法學方法論初探》，載於《齊齊哈爾大學學報》(哲學社會科學版)，2004 年第 5 期。

3、關於沈家本思想的研究

（1）關於沈家本的中西法律觀

沈家本所處的時代，必然使其在中西法律文化的衝突中調適其法律觀，沈家本精通中國傳統法律文化，又放眼全球大膽學習西方法律文化，這使得其法律思想具有會通中西的特徵。在這一點上，從早年李貴連發表的《沈家本中西法律觀論略》、〔註25〕霍存福的《沈家本會通中西論》、〔註26〕田莉姝的《論沈家本「會通中外」的法律思想及評價》〔註27〕到陳靜的《超越與局限──論沈家本「會通中外」的法律觀》，〔註28〕觀點是一致的，李貴連教授認爲：「會通中西，是舊法不適用，西法又不能全部取代舊法的必然結果。通過會通中西，使中國法律走出封建窠臼，這是沈家本主持修律的思想，也是他主持修律的功績」。曾爾恕和黃宇昕還從沈家本的家學淵源、所受教育和對於西法的認識過程入手，揭示了沈家本西法認識的形成，頗有價值。〔註29〕

（2）關於沈家本的法學盛衰說

《法學盛衰說》是沈家本的一個名篇，著重考證了中國法學盛衰的過程與原因，論述了關於法學與政治的關係。沈家本法學盛衰說，早在 80 年代就引起了李光燦先生的關注，李光燦認爲沈家本法學盛衰說所體現的法律思想無論從政治傾向和學術觀點上都具有矛盾兩重性：乃是中國儒家的仁政德治思想與近代資產階級的法律決定論、法律教育主義相結合。但沈家本用強調法理、兼采中西、分析比較、理實結合的方法來考察中國法學盛衰的歷史，在相當程度上，正確反映了法學的特點和它與政治的關係：法學之盛衰，與政之治乎，試息息相通。然當學之盛也，不能必政之皆盛；而當學之衰也，

〔註25〕 李貴連：《沈家本中西法律觀論略》，載於《中國法學》，1990 年第 3 期。

〔註26〕 霍存福：《沈家本會通中西論》，載於《煙臺大學學報》（社會哲學科學版），1991 年第 3 期。

〔註27〕 田莉姝：《論沈家本「會通中外」的法律觀》，載於《貴州大學學報》，1998 年第 3 期。

〔註28〕 陳靜：《超越與局限──論沈家本「會通中西」的法律觀》，載於「沈家本與中國法律文化國際學術研討會」組委會編：《沈家本與中國法律文化國際學術研究會論文集》（上冊），中國法制出版社，2005 年版，第 435～442 頁。

〔註29〕 曾爾恕、黃宇昕：《中華法律現代化的原點──沈家本西法認識形成芻議》，載於《比較法研究》，2003 年第 4 期。

可決其政之必衰。﹝註 30﹞另外值得關注的是，梁治平教授認爲，沈家本所謂的法學是律學而非法學；﹝註 31﹞而蘇亦工教授則認爲沈家本所說的法學是以一定價值觀爲依託的法學，並非價值莫問的狹義律學。﹝註 32﹞

（3）關於沈家本的刑法思想

沈家本的刑法思想向來是沈家本法律思想研究的重點，學界對沈家本刑法思想的研究取得了一些成果，而集中論述了沈家本的死刑觀，對古代重刑輕民思想的批判，罪刑法定和輕刑慎刑的主張，以及對刑律的修訂等。其代表性成果除了李貴連教授對沈家本關於刑律修改和制定的述評，還有崔永東的《沈家本的刑法思想》，該文闡述了沈家本刑法思想的來源，認爲沈家本的刑法思想「既受到了中國傳統刑法理論的影響，也受到了西方近代刑法理論的影響，而後者的影響無疑更大一些」。﹝註 33﹞另外對沈家本的刑法思想做了專門闡述的還有張煥琴、王勝國的《沈家本與中國刑法制度的近代化》；﹝註 34﹞范忠信的《沈家本與新刑律草案的倫理革命》；﹝註 35﹞賴早興、董麗君的《沈家本與清末刑罰輕緩化》﹝註 36﹞等等。

另外學界對沈家本的立法思想、吏治思想、法學教育思想等都展開了研究，特別是還有許多對沈家本的研究性的介紹文章，都涉及了沈家本生平、著述、修律、評價等，譬如沈厚鐸的《略論沈家本的生活道路及其思想發展》，﹝註 37﹞亦具有較高的學術價值，限於篇幅和與本文的相關度，這裡不一一列舉。值得一提的是，對沈家本法律思想的比較研究，學界也多有成果，譬如

﹝註 30﹞ 請參見李光燦著：《評寄簃文存》，群眾出版社，1985 年版，第 72 頁。
﹝註 31﹞ 請參見梁治平：《法學盛衰說》，載於《比較法研究》，1993 年第 1 期。
﹝註 32﹞ 蘇亦工：《法學盛衰之辨》，載於載於「沈家本與中國法律文化國際學術研討會」組委會編：《沈家本與中國法律文化國際學術研究會論文集》（上冊），中國法制出版社，2005 年版，第 447 頁。
﹝註 33﹞ 崔永東：《沈家本的刑法思想》，載於《團結報》，1996 年 12 月 14 日。
﹝註 34﹞ 張煥琴、王勝國：《沈家本與中國刑法制度的近代化》，載於《河北法學》，2001 年第 3 期。
﹝註 35﹞ 范忠信：《沈家本與新刑律草案的倫理革命》，載於《政法論壇》，2004 年第 1 期。
﹝註 36﹞ 賴早興、董麗君：《沈家本與清末刑罰輕緩化》，載於《政治與法律》，2004 年第 6 期。
﹝註 37﹞ 沉厚鐸：《略論沈家本的生活道路及其思想發展》，載於《政法論壇》，1990 年第 4 期。

與張之洞、﹝註 38﹞岡田朝太郎、﹝註 39﹞梁啓超、﹝註 40﹞孫中山﹝註 41﹞等，這是值得鼓勵與提倡的。

4、關於沈家本法律思想的本質與評價

對於沈家本法律思想的研究，必然不能迴避沈家本法律思想的評價問題。而國內學界對沈家本的評價，一般採用馬克思主義的階級分析方法，釐定沈家本法律思想的本質，劃定沈家本法律思想代表了哪個階級的立場，從而對沈家本及其法律思想做出評價。學界對這一問題是有爭論的，觀點大致分為兩類，即沈家本屬於地主階級改革派抑或屬於資產階級改良派。前者認為沈家本身為封建士大夫和朝廷大員，雖主張學習西方法律，但並沒有擺脫中國傳統儒法結合的仁愛、德政思想，沒有超越「中學為體、西學為用」以及「變法不變道」的藩籬。因而沈家本的法律思想仍然屬於舊學的範疇，沈家本是地主階級改革派的代表，故而更具局限性。持這種觀點的代表學者是張國華和曾憲義，﹝註 42﹞蘇亦工更是主張認為學界對沈家本評價過高，要重評沈家本與晚清法律改革以及中國法律現代化的關係。﹝註 43﹞後者則將沈家本視為中國近代早期的資產階級傑出的法學家，清末法制改革派的首領和中國法律近代化的奠基人。譬如李貴連教授認為，在理論思維方法上，沈家本與維新思想家們走的是同一條道路。沈家本是託古改制，託古不過是手段，改制才是目的，所以不管沈家本如何反覆證明中西法律「暗合」、「相合」，舊學法系如何包涵新學要旨，中西法律的「情理」如何相似，都不過是手段而已，他只是以此來達到採用內涵不同的西方資產階級法律制度的目的。﹝註 44﹞

﹝註 38﹞ 唐自斌：《論張之洞與沈家本的修律》，載於《湘潭大學學報》（哲學社會科學版），1993 年第 1 期。

﹝註 39﹞ 杜鋼建：《沈家本岡田太郎法律思想比較研究》，載於《中國人民大學學報》，1993 年第 1 期。

﹝註 40﹞ 田東奎：《沈家本、梁啓超法學思想之比較》，載於《寶雞文理學院學報》（社會科學版），2001 年第 4 期。

﹝註 41﹞ 張生：《從沈家本到孫中山——中國法律的現代化變革》，載於《中國社會科學院研究生院學報》，2002 年第 1 期。

﹝註 42﹞ 請參見柯嚴：《沈家本法律思想國際學術研討會綜述》，載於《法學研究》，1990 年第 6 期。

﹝註 43﹞ 請參見蘇亦工：《重評清末法律改革與沈家本之關係》，載於韓延龍主編：《法律史論集》（第一卷），法律出版社，1998 年版，第 191～225 頁。

﹝註 44﹞ 請參見李貴連：《沈家本研究三題》，載於李貴連著：《近代中國法制與法學》，北京大學出版社，2002 年版，第 313 頁。

（三）沈家本研究的不足與展望

自改革開放以來，學界對沈家本的研究已經取得了長足的進展，但檢視沈家本研究的學者群體和研究成果，毋庸諱言，還存在一定的不足，具體體現在：

1、研究群體

最早涉及沈家本研究的是張國華、李光燦和張晉藩爲代表的新中國建國後的第一批法律史學家，也是將馬克思主義史學範式引入法律史領域的第一批學者。而後來的以李貴連爲代表的研究者，則大多是這些學者的弟子，故從事沈家本研究的研究群體比較單一，特別是其它學科譬如史學、政治學等對沈家本的研究可謂一片空白。另外，長期從事沈家本研究的學者很少，在我看來，或許長期浸淫於沈家本研究，並對其生平、思想做了嚴謹系統研究的惟有北京大學李貴連教授一人，大部分研究者都扮演了客串研究的角色。這或許跟從事這項研究所要求的古漢語和法律史素養以及法律史並非顯學的學科地位息息相關吧！

2、研究方法

研究方法和研究者所受的專業訓練無疑息息相關，新中國第一代的法律史學家，他們大多採用靜態的研究方法，或者說是文本研究方法，單純從沈家本的著作、爭論、奏摺等文本材料入手進行考證、耙疏、分析，從而得出結論。而後來者作爲他們的弟子，也大多很少能夠突破前輩所傳承給他們的觀點和方法。另外，就是缺乏跨學科的綜合研究，缺乏從政治學、社會學等角度對沈家本及其思想進行立體的研究。

3、研究成果

在研究成果方面的缺陷主要體現在兩點，一是研究範圍較爲狹隘，主要集中於沈家本的生平、沈家本與晚清法律改革及中國法律的現代化以及其它法律思想，而其它方面譬如文學思想、政治思想無人涉及。二是即使是法律思想，即使是研究沈家本與中國法律的現代化，也缺乏系統的深入的研究。毋庸諱言，唯一的沈家本研究的權威學者李貴連教授的著作幾乎全是沈家本傳記類研究，其以《沈家本與中國法律現代化》爲名的著作，事實上是原名爲《沈家本評傳》，故著重於研究沈家本的生平，著重於整理沈家本的著述，著重於闡發沈家本的貢獻，而對沈家本的思想本身的邏輯，缺乏足夠的重視。

這正是同名的本文所力圖突破的。

4、對沈家本的評價

由於基礎文獻建設的闕失，使得很多學者對沈家本的研究著力於論，而缺乏整個論證過程，缺乏史料支持。特別是不能全面瞭解沈家本思想的全貌，不能瞭解清末改革的複雜背景對沈家本的影響，往往孤立的看問題，孤立的研究沈家本思想的某一方面。反映在對沈家本的評價上，往往簡單的將其歸入某一個階級，簡單的將歸咎於時代的局限性，而缺乏深入的分析。另外，對沈家本的評價有過高之嫌，將沈家本的思想啓蒙作用及其對中國法律現代化的貢獻評價過高，對沈家本的評價缺乏學術爭鳴等等，這些都是值得重新審視和思考的。

三、本文的研究思路

如前所述，學界對於沈家本的研究，主要是單純的法律思想的研究，而缺少對沈家本法律改革與清末政治改革以及近代中國政治現代化之間的關係的研究。故本文的基本研究思路是：在充分佔有前人研究成果的基礎上，發掘相關資料和史實，考察沈家本的生平，理清沈家本思想的淵源和內在邏輯，從而揭示沈家本與近代中國法律與政治現代化、沈家本法律改革和清末政治改革、近代中國法律現代化和政治現代化之間的關係。這種研究思路具體體現在：

1、採取動態研究法，注意將沈家本放在啓蒙與救亡的雙重變奏、西學東進和中西法律文化的激烈衝突這樣的宏觀背景下加以考察，合理評價沈家本的歷史貢獻。

2、採取思想史的內在研究法，注意推演沈家本修律思想的內在邏輯，理清其思想的雙重淵源：即對中國傳統法律文化的批判吸收和對西方法律文化借鑒學習。

3、採取比較研究法，將沈家本與張之洞的法律思想進行比較，以凸顯沈家本法律思想的特色。

第一章　清末政治改革的歷史考察

一、清末政治改革的背景

（一）晚清社會的政治多元化

　　著名的法律史學者張晉藩教授認爲，鴉片戰爭之前的中國，是一個以自然經濟爲主的封閉保守的農業社會，而宗法血緣紐帶在古代中國，起著維繫社會、組建國家的州官要作用。因而，宗法與農業經濟結構的結合，是中國古代社會穩固的基礎。專制主義的統治制度矗立於其上，以禮爲核心的傳統文化籠罩於其中，它們之間互相促進，互相滲透，成爲一個十分協調的「永恆不變」的整體。〔註1〕而自 1840 年西方列強用堅船利炮轟開中國的大門之後，西方方化日益衝擊這中國的自然經濟和單一的社會結構，晚清社會發生了巨大的變遷，從而呈現了一幅政治多元化的圖景。政治多元化，是指不存在始終不變的權力中心，是指參與政治的利益主體的多元化。巴黎法國國立科學研究中心研究導師馬里亞尼・巴斯蒂——布律吉埃認爲：「自康熙的滿人統治建立後一直保持著相對的社會成分同一性的統治階級，在十九世紀最後二十五年，由於新成分的增加而開始變得多樣化了」。〔註2〕晚清社會的政治多元化，主要體現在地方勢力的崛起。

〔註 1〕　請參見張晉藩著：《中國法律的傳統與近代轉型》，法律出版社，1999 年版，第 10 頁。

〔註 2〕　費正清、劉廣京主編：《劍橋中國晚清史：1800～1911》（下），中國社會科學出版社，1996 年版，第 616 頁。

鴉片戰爭後，西方勢力侵入中國，「當中國與整個世界變化日益結爲一體，並日益捲進造成這些變化的機制之中時，中國的政治構架和特徵就發生了深刻而不可逆轉的變遷」。〔註 3〕與此同時，社會內部危機加劇，各地農民起義彙集成一股強大的洪流，而清政府綠營廢馳、國庫虧空，正是在這種內憂外患的雙重衝擊下，清政府不得不依靠地方，允許地方督撫自己組織軍隊鎮壓太平天國。依靠這些督撫，清政府度過了統治危機，然統治集團內部也開始分化，地方勢力悄然興起，把持了地方的財政、軍政以及相應的人事權、司法權。這主要表現在：

一是地方軍隊的出現。早在 18 世紀末至 19 世紀初，爲了鎮壓川、陝、鄂交界地帶爆發的白蓮教起義，清政府開始動員和利用地方武裝，號召辦團練，實行武裝自衛，團練的出現是清朝地方軍隊的開始。不過，這一時期的地方武裝並沒有擴大化，尚不足以影響到權力中心。但太平天國運動的爆發改變了這種狀況，在這強大的起義軍面前，綠營和八旗不堪一擊，損失慘重，湘、淮等地方軍集團和私人化的軍隊即乘勢而起。太平天國失敗後，湘軍和淮軍血腥鎮壓捻軍起義，湘軍全殲阿古柏匪幫，收復新疆，湘軍、淮軍已成爲事實上的國防軍，然而軍權又始終掌握在曾國藩、李鴻章手中，並成爲一股強大的政治勢力，成爲地方勢力興起的基礎。

二是地方督撫專權的形成。1860 年清政府在內外交困情況下，不得不任命曾國藩爲兩江總督、欽差大臣督辦江南軍務，不久又命其統轄江蘇、安徽、江西、浙江四省軍務，四省巡撫、提督歸他節制，並有權保薦封疆將帥人員。從此曾國藩由湘軍統帥變爲東南各省最高的行政長官，軍權與政權合一，邁開了督撫專權的第一步，開始打破了中央集權的定格。據統計，曾國藩任江督後三年之內提攜薦表的，有三人任總督（兩江、閩浙、兩廣），權及東南七省，占全國八總督的三分之一強；九人先後任七省巡撫（粵、陝、蘇、贛、皖、浙、鄂），占全國當時十五巡撫的幾乎二分之一。以武職而議，同治五年（1866 年），湘軍中位居提鎮以上的高級將領已達 70 人。〔註 4〕隨著洋務運動的興起，曾國藩、李鴻章等地方督撫的權力更是得以擴張，特別是地方財政、

〔註 3〕 吉爾伯特·羅茲曼著，國家社會科學基金「比較現代化」課題組譯：《中國的現代化》，江蘇人民出版社，1988 年版，第 275～276 頁。

〔註 4〕 請參見何瑜：《晚清中央集權體制變化原因再析》，載於《清史研究》，1992 年第 1 期。

軍政的不斷擴大，使得他們得以恃權自重。他們集軍、財、政、文、外交諸權於一身，聲勢顯赫一時無比，朝廷凡重大決策常以他們的意見爲取捨，逐漸形成督撫專政的局面。

　　所以審視晚清社會的政治局面，代表著不同的經濟、政治利益的地方勢力的出現和形成，構成了晚清社會政治多元化的圖景，事實上在一定程度上左右了晚清政治的發展，特別是這些政治利益集團的出現，必然要求實現自己的政治和經濟利益，從而導致了清末政府統治的合法性危機，事實上推動了清末政治改革的發生。

（二）清末統治的合法性危機

　　被譽爲最後一個政治哲學家的湯因比，以社會文明作爲歷史研究的單位，考察了自古埃及到當代的 21 種文明之後，湯因比認爲，各種文明都是在「挑戰和應戰」中發展的，文明並非起源於安逸樂士，而是產生於克服艱苦環境。能不斷戰勝挑戰，文明便能得到發展；應戰失敗，文明就會衰落以至滅亡。湯因比列舉了五種挑戰，其中人爲的多於自然條件的，內部的多於外來的，在他看來，軍事擴張、技術進步都不是文明成長的眞正原因，眞正的進步是社會精神解放出來，應付挑戰。文明衰落的原因通常是精神的而非物質的，摧毀文明的主要是內部鬥爭。這種分析模式，被以費正清和列文森爲代表的西方漢學界發展成爲「衝擊與回應」模式，用以詮釋近代中國的遭遇。他們認爲，中國社會幾千年來處於停滯狀態，循環反覆，卻始終缺少突破傳統框架的內部動力，故古老的中國只有借助於 19 世紀西方的衝擊才能向近代社會演變。

　　「挑戰與應戰」說和「衝擊與回應」模式，顯然來自歐洲的經驗，並確實有誇大外因的作用和西方中心史觀之嫌，但用這個模式來審視近代中國的社會，在我看來還是恰當的。綿延幾千年的中國傳統政治，如果沒有來自外因的挑戰或者衝擊，很難從其內部產生重大的突破。自 1840 年第一次鴉片戰爭以來，中國政治便進入了一個危機四伏的歷史時期。晚清政治的外部環境與內部結構都發生了重大的變化，但晚清王朝面對這些挑戰做出的回應卻相當遲鈍和無力。南京大學閭小波教授打了一個形象的比喻：「中華帝國的軀體已被推擠入近代資本主義時代，但其大腦仍滯留在封建時代」。〔註 5〕正是這

〔註 5〕閭小波著：《中國近代政治發展史》，高等教育出版社，2003 年版，第 31 頁。

種回應的滯後性和時代的斷裂，使得晚清的政治統治遭遇了空前的合法性危機，伴隨著政治多元化的進程，必然要求進行政治改革以回應世界的挑戰。

合法性是現代政治學的一個重要概念和分析工具，哈貝馬斯認爲：「合法性意味著，對於某種要求作爲正確的和公正的存在物而被認可的政治秩序來說，有著一些好的根據。一個合法的秩序應該得到承認。合法性意味著某種政治秩序被認可的價值 —— 這個定義強調了合法性乃是某種可爭論的有效性要求，統治秩序的穩定性也依賴於自身（至少）在事實上的被承認。如此，這個概念就首先既是歷史地、又是分析地用於這樣一些環境，在其中，某種秩序的合法性乃是被質疑的，而且，就像我們所說的，合法化問題正在其中出現：一邊否認、而另一邊維護著合法化。」〔註6〕哈貝馬斯的這個定義不僅僅提示我們，政治合法性理論主要探討統治者的統治理念與政治行爲「是否」以及「如何」能夠贏得民眾的服從、信任與支持，也暗示了在政治生活中，往往只有在喪失合法性的時候，合法性問題才會暴露出來，因爲公眾對政府的不認可和不服從比對政府的認可和順從更能引起人們的關注和重視。所以合法性危機就是政府統治的合法性得不到人民的認同所帶來的危機，自鴉片戰爭以來的中國歷史，正是晚清統治的合法性危機步步加深的歷史。在我看來，晚清統治的合法性危機主要體現在以下兩個方面：一是政府權威的缺失，特別是中央軍事權威的缺失；二是傳統政治文化的認同危機。

1、政府能力的缺失

政府權威的缺失首先體現在政府能力的缺失。政府能力是維持政治統治合法性的基礎，是指政府將自己的意志、目標轉化爲現實的能力，它通常包括兩個層次，一是指什麼樣的能力，二是指何種程度的能力。前者是就能力的類別而言，後者強調的是能力的強弱與大小。如果單從能力的類別來考察，政府能力同政府職能的含義較爲接近，對內表現爲維持社會秩序的穩定，保證人民的安居樂業；對外表現爲維護國家領土和主權的完整，抵禦外敵的入侵。晚清政府的軟弱與無能，對內主要體現在無力平息各地叛亂，而且由於連年戰爭所造成的巨額賠款和軍事開支，使政府的財政能力受到極大削弱，並影響到政府管理社會的職能；對外則主要體現在在一系列與西方列強戰爭

〔註 6〕哈貝馬斯著，張博樹譯：《交往與社會進化》，重慶出版社，1989 年版，第184 頁。

的失敗，喪權辱國、割地賠款、喪盡尊嚴。恩格斯指出：「政治統治只有在它執行了它的這種社會職能時才能繼續下去」。〔註 7〕晚清統治的合法性危機，很大程度上就載於無法有效的執行社會職能。

　　合法性是人們對政治統治秩序的自覺、自願的遵從，自從公共權力產生之後，政府就壟斷了合法使用強力的權利，只有政府：「才能通過命令和允許的方式，合法地行使任何其他社會團體都不可實施的強制力」。〔註 8〕然而從統治者角度來講，政治權威能夠存在，一方面既是民眾服從的結果，另一方面也是國家軍事暴力機器提供了強制力的保障。一旦國家軍事暴力機器失靈，使政府失去了強制力後盾，那麼就無法保證社會民眾的服從，權威的合法性也必然要喪失。晚清政府的合法性危機在很大程度上是因為其喪失了中央軍事權威。前文提到，晚清社會的政治日益多元化，其中之一就是地方勢力的崛起，這必然導致了晚清中央軍事權威的衰落。湘、淮軍等地方軍事力量的崛起，特別是這些地方武裝的半私人性質，嚴重阻礙了中央與地方軍事力量的整合，加深了晚清統治的合法性危機。

　　如果在「挑戰與應戰」或者「衝擊與回應」的模式中審視政府能力，政府能力還在於能否成功地適應外部環境的挑戰，能否對外部環境的變化做出迅速的反應，並有效地採取應對的措施。而晚清政府，面對西方列強的侵略，反應遲鈍，必然導致政府權威的喪失。著名經濟學家楊小凱教授認為：「晚清政府能力的低下，還表現在地方政府沒有制度化的稅收和政府財政，地方官員及辦事人員主要靠制度化的貪污和受賄維持生計，其中包稅制和各種陋規就是不健全的稅制與貪污的一個混合體。……由於政府權力沒有民意支持的合法性，所以只能奉行所有成功的專制政府執行的薄賦輕繇政策，政府的稅收能力很差，沒有強大的公共財政，因此公路，城市公共設施等公共事業幾乎完全沒有制度化的財政支持。」〔註 9〕

2、傳統政治文化的認同危機

　　政治文化這個概念，首先是在比較政治學研究中出現的，西方政治學家

〔註 7〕　恩格斯：《反杜林論》，見《馬克思恩格斯選集》（第三卷），人民出版社，1972
　　　　　年版，第 219 頁。
〔註 8〕　馬克斯·韋伯著，張乃根譯：《論經濟與社會中的法律》，中國大百科全書出
　　　　　版社，1998 年版，第 342 頁。
〔註 9〕　請參見楊小凱：《百年中國經濟史筆記·中國的原始資本主義：晚清的經濟歷
　　　　　史》，見公法評論網：http：//www.gongfa.com/。

認爲，在任何一種特定的政治體系中，都存在著某種特定的政治價值觀念和行爲模式，它是某種特定的政治制度得以有效運行的重要因素，由此構成了個人行爲與政治制度、政治活動之間的必然聯繫，即所謂「政治行爲的傾向性」。如果單純地使用「政治態度」、「政治價值觀念」、「意識形態」、「民族心理和文化模式」等概念，都難以完整地概括這種關係，因此人們開始使用「政治文化」這個新的概念，用以表達和研究影響政治體系運作的上述因素。〔註10〕美國政治學家阿爾蒙德 1956 年在《政治學雜誌》上發表《比較政治體系》一文，第一次提出了「政治文化」這個概念，來界定某一民族和社會對於某一政治系統以及各種政治問題的態度、信仰、感情、價值觀和行爲方式，並認爲每一個國家和民族都具有自己獨特的政治文化。

政治文化是政府統治的合法性的「文化保障」，如果人們失去了對政治系統的信任和感情，就會導致政治文化的認同危機，並最終導致政治統治的合法性危機。傳統政治文化的認同危機，一般是指一個國家的人們對傳統政治文化的認同感發生動搖，一般有兩個方面的原因：一是對部落、階級、種族、語言、團體的認同與對國家認同發生衝突。二是傳統與現代、鄉土與世界性發生衝突，使新興國家的人們不知所從，甚至出現無根的感覺。〔註 11〕古代的中國，是一個相對穩定的王權社會，特別是「獨尊儒術」以來，人們長期受儒家文化的薰陶，對中國的政治制度和政治文化傳統形成了一種近乎本能的自我認同。而鴉片戰爭以後，戰爭的屢屢失敗，不平等條約的簽訂，以及由此而來的日益深重的民族危機，人們對現實政治的認同開始出現危機。隨著西方文化特別是西方近代政治學說的紛至沓來，人們逐漸認識和接受了西方政治文化，這就導致了對傳統政治文化的認同危機，並最終導致了晚清統治的合法性危機。

閭小波教授認爲，認同危機是中國近代政治發展過程中一個長期而顯著的現象。第一次鴉片戰爭的爆發，中國閉關鎖國的政治格局被打破，開明的士大夫面對日漸明晰的世界政治格局、西方的步步逼近、國勢的衰微、西方新知的湧入，開始對中國傳統的政治制度和思想產生懷疑、動搖、反思，進而批判。

〔註10〕請參見王惠岩主編：《政治學原理》，高等教育出版社，1999 年版，第 229 頁。

〔註11〕《政治文化的沉思者──白魯恂》，臺灣允晨文化實業股份有限公司，1882 年版，第 79～80 頁，轉引自閭小波：《中國近代政治發展史》，高等教育出版社，2003 年版，第 50～51 頁。

在變法維新運動之前這一認識過程大致經歷了三個發展階段，第一階段是 40
年代到 50 年代末，其代表人物是最早睜眼看世界的龔自珍、林則徐、魏源等
人，但僅是個別現象；第二階段是 60 年代初到 80 年代中期，即洋務運動前期，
其代表人物是間接或者直接接觸到西學的馮桂芬、王韜、郭嵩濤等人，他們基
於對西方民主政治的運作有了更爲深刻的體認，從而在價值層面上對延續了兩
千多年的政治制度發出了質疑；第三階段是洋務運動後期，自中法戰爭到甲午
戰爭爆發，這一時期國人開始反思洋務運動以來追求「富強」的路徑，對傳統
政體不僅僅是發出質疑，甚至提出了改弦更張的大膽主張，其代表人物有鄭觀
應、康有爲等，這些有志之士對專制制度的批判和對專制文化的離異，勢必導
致政治權威的流失和政治統治的合法性危機。〔註 12〕

對傳統政治文化的這種認同危機主要體現在以下幾個方面：

一是西方近代政治學說的輸入，使得晚清時期的政治文化出現凸顯出多
元化的傾向。西方政治思想的東來，極大地侵蝕了傳統政治文化的主導地位，
嚴重弱化了人們對傳統政治系統的歸屬感，從而帶來了傳統政治文化的認同
危機，並不斷瓦解著清政府統治的合法性基礎。

二是政治社會化的過程受阻。政治社會化即政治文化的社會化過程，也
即一個社會中的政治文化通過某種方式而得以傳播、普及和延續的過程。個
體在自己的成長過程中，通過政治文化的社會化過程而獲得了該社會特定的
政治文化，並由此保持了該社會政治體系的特徵，並且該社會的統治階級，
則通過這種方式來維護自己的政治統治。〔註 13〕然而在晚清社會，由於外部
環境的惡化，以及西方思想的滲透，中國傳統政治文化的社會化受到了阻斷。
譬如在教育體制上，以傳播西方科學文化的「新學」逐漸取代了以「四書五
經」爲主的「舊學」；在致仕途徑上，科舉制度不再是知識分子擠入政治領域
的唯一途徑，從維新變法開始，接受西方政治思想的知識分子，在政府中獲
得了更多的晉升機會。體制內的精英也未必能接受傳統的政治文化，勢必造
成政治認同危機的出現。

三是對傳統政治文化改造的失敗。爲了挽救晚清統治的合法性危機，就
需要順應時代潮流來改造傳統政治文化，從而延續人們對當前政治秩序的認

〔註12〕請參見閻小波著：《中國近代政治發展史》，高等教育出版社，2003 年版，第
　　　　50～54 頁。
〔註13〕王惠岩主編：《政治學原理》，高等教育出版社，1999 年版，第 241 頁。

同，以鞏固政治合法性的文化基礎。戊戌變法就是試圖通過學習和吸收先進的西方文化，來改造傳統政治文化，以爲清朝政府的統治合法性尋找新的證明。然以慈禧太后爲首的保守勢力對百日維新的血腥屠殺，使得晚清以來第一次對傳統政治文化改造的嘗試徹底失敗，這就必然要求進行進一步的改革以挽救統治危機，否則一個失去政治文化合法性的保障的王朝，斷然無法逃脫敗亡的命運。

（三）領事裁判權與清末法律改革

領事裁判權，近代中國又稱治外法權。海禁初開之時，因清朝統治者不知國際公法爲何物，國人亦不知何爲國際公法，故將二者混用。〔註 14〕而事實上，領事裁判權和治外法權是兩個不同的概念。領事裁判權其英文是「Capitulations」，〔註 15〕原意是指「條約、約定」，《牛津法律大辭典》對該詞的解釋爲：「一國通過條約給予居住在該國的另一國臣民的貿易特權，特別是給予當地法院管轄的豁免權和由其本國法院對他們行使司法管轄權的特權」。〔註 16〕故領事裁判權是一種國際政治特權，就是一個國家的人民，在他國領土內居住而不受居住國家法律的管轄，而由駐在該國的本國領事對其行使裁判權。而治外法權，英文爲「Exterritoriality」，這項原則指的是「一定的人和房舍雖然處於一國領土之內，但在法律上被認爲是處於該國之外，因而不受當地法律的管轄，該原則適用於外國君主、國家元首、外交使節和其他享有外交特權的人」，這些外交特權包括：住所不可侵犯，民事和刑事管轄的豁免，免除受傳作證的義務，不受治安規則和條例的約束，免納地方捐稅以及自由信仰宗教等等。〔註 17〕故治外法權不是一種單方面的特權，只是爲了國際交往的便利和對國家主權原則的尊重而擬制的一種互惠的司法特權，它與近代中國存在的列強司法特權 —— 領事裁判權是迥然不同的。爲了學術研

〔註 14〕李貴連著：《沈家本傳》，法律出版社，2000 年版，第 169 頁。

〔註 15〕該詞來源於意大利文「Capitolazione」。歐洲中世紀基督教國家與伊斯蘭教國家締結條約時，常用意大利文作爲外交的文字，「Capitolazione」一詞，其意義本來等同於「Convention」（條約、公約），後來英法等國與土耳其所訂立的關於領事裁判權的條約，公法學家都以「Capitulations」稱呼，所以該詞有了領事裁判權的意思。

〔註 16〕戴維・沃克著，北京社會與科技發展研究所組織翻譯：《牛津法律大辭典》，光明日報出版社，1988 年版，第 136 頁。

〔註 17〕戴維・沃克著，北京社會與科技發展研究所組織翻譯：《牛津法律大辭典》，光明日報出版社，1988 年版，第 323 頁。

究的方便，本文還是在相同的意義上使用這兩個概念。

關於鴉片戰爭爆發的原因，從魏源開始，百年來主流的觀點一直認爲是以英國爲首的西方帝國主義列強爲滿足其貪欲，而憑藉其武力優勢在中國強行開展不公平的鴉片貿易所導致的結果。這種沒有錯，但卻忽視了鴉片戰爭爆發的其他因素，至少以 G.W. Keeton 爲首的西方人認爲「治外法權之爭是導致 1839 年公開敵對的直接原因」。〔註 18〕鴉片戰爭之前，中國既無領事之制，也無治外法權之說。鴉片戰爭之後，西方列強紛紛以不平等條約的形式，規定享有在中國的領事裁判權，從而侵奪了清王朝原有的完整的法權。近代中國的領事裁判權制度肇端於第一次鴉片戰爭。繼 1842 年中英《南京條約》簽訂以後，1843 年中英兩國又簽訂了《五口通商章程》，該章程第十三款「英人華民交涉詞訟一款」明確規定：「凡英商稟告華民者，必先赴管事官處投稟，候關氏官先行查察誰是誰非，勉力勸息，使不成訟；間有華民赴英官處控告英人者，管事官均應聽訟，一例勸息，免致小事釀成大案；其英商欲行投稟大憲，均應由管事官投遞，稟內倘有不合之語，管事官即駁斥另換，不爲代遞。倘遇有交涉詞訟，管事官不能勸息，又不能將就，即移請華官公同查明其事，既得實情，即爲秉公定斷，免滋訟端。其英人如何科罪，由英國議定章程、法律發給管事官照辦；華民如何科罪，應治以中國之法，均應照前在江南原定善後條款辦理」。〔註 19〕1844 年，中美兩國簽訂了《望廈條約》，領事裁判權制度進一步明確化和擴大化。該條約第 21 條確立了刑事案件的處理原則：「嗣後中國民人與合眾國民人有爭鬥、詞訟、交涉事件，中國民人由中國地方官捉拿、審訊，照中國例治罪；合眾國民人由領事等官捉拿、審訊，照本國例治罪。但須兩得其平，秉公斷結，不得各存偏護，致啓爭端」。〔註 20〕其後，中國又先後與法國、瑞典、挪威、俄國等簽訂一系列不平等條約，相繼取得在中國的領事裁判權的國家有 19 個。

列強獲得了在華領事裁判權之後，不僅沒有受到主權國家的限制，而且在隨之而來的中外交涉之中逐步擴大領事裁判權的範圍。主要體現在以下兩

〔註 18〕 G.W. Keeton：The Development of Extraterritoriality in China, Longmans, 1928, P.170。

〔註 19〕 《五口通商章程》，見梁爲輯、鄭則民主編：《中國近代不平等條約選編與介紹》，中國廣播電視出版社，1993 年版，第 30 頁。

〔註 20〕 《望廈條約》，見梁爲輯、鄭則民主編：《中國近代不平等條約選編與介紹》，中國廣播電視出版社，1993 年版，第 36 頁。

個方面：一是上海租界內會審公堂和工部局領事法庭的設立，二是英、美、日等列強在中國設立的專門法院，這些機構的設計都嚴重破壞了中國的司法主權。特別是在處理越來越多的教案的過程中，教士由於領事裁判權的存在而不受中國法律和官員的管轄，甚至通過自己國家的領事公然向地方官員施加壓力，使中國國民遭遇了極為不公的待遇，也激起了國民對官員和洋人的不滿和仇恨，最終導致反清運動的爆發，可以說直接威脅著清政府的統治。對於教案的危害，沈家本是深有感觸的，他奏稱：「教案為禍之烈，至今而極，神甫、牧師勢等督撫，入教愚賤氣凌長官，凡遇民教訟案，地方官暗於交涉，黜於因應。審判既失其平，民教之相仇益亟。蓋自開海禁以來，因鬧教而上殆君父之憂者，言之滋痛。推原其故，無非因內外國刑律之輕重失宜有以釀之。此懲於教案而不得不改者也。」〔註21〕

總之，列強享有的治外法權，不僅僅成為外國侵略分子欺壓中國百姓的工具，破壞了中國社會的秩序，更重要的是，它嚴重破壞了中國的司法主權和國家主權，直接危及清王朝的統治。而西方各國繼續保有領事裁判權的最冠冕堂皇的理由不外是認為清朝的法律特別是其司法太過野蠻，不合於國際上的文明標準。那麼，為了挽救統治危機，為了收回領事裁判權，清朝政府唯一的途徑就是改革本國的法律，改革傳統的政治體制。改良法律對於廢除領事裁判權的重要意義，沈家本是深有認識的，光緒三十一年（1905 年）沈家本向清廷上《刪除律例內重法摺》指出：「臣等以中國法律與各國參互考證，各國法律之精意，固不能出中律之範圍，第刑制不盡相同，罪名之等差亦異。綜而論之，中重而西輕者為多，蓋西國從前刑法較中國尤為殘酷，近百數十年，經律學家幾經討論，逐漸改而從輕，政治日臻美善。故中國之重法，西人每訾為不仁。其旅居中國者，皆藉口於此，不受中國之約束。夫西國首重法權，隨一國之疆域為界限，甲國之人僑寓乙國，即受乙國之制裁，乃獨於中國不受制裁，轉予我以不仁之名。此亟當幡然變計者也。方今改定商約，英、美、日、葡四國，均允中國修訂法律，首先收回治外法權，實變法自強之樞紐」〔註22〕故廢除領事裁判權、爭取國家主權是晚清法律改革的直接動因，也是晚清法律改革的合理性

〔註21〕沈家本：《修訂法律大臣沈家本奏刑律草案告成分期繕單呈覽並陳修訂大旨摺》，載於故宮博物院明清檔案部編：《清末籌備立憲檔案史料》（下冊），中華書局，1979 年版，第 823 頁。

〔註22〕沈家本：《刪除律例內重法摺》，見李光燦著：《評寄簃文存·並載：〈寄簃文存〉卷一》，群眾出版社，1985 年版，第 189～190 頁。

依據，在事實上推進了中國法律的現代化進程。

二、清末政治統治合法性重建的法律路徑

（一）政治與法律關係的理論思考

在某種意義上我們可以說，清末政治改革的目標正是爲了實現風雨飄搖中的政治合法性的重建，其中，法律改革或者說法律制度的合法化則是尋求政治統治合法性的主要方式和路徑。故在探討政治與法律的關係具有重要的理論意義。

政治是一個非常複雜的概念，王惠岩先生在《政治學原理》一書中根據馬克思主義經典作家的論述，將政治的概念界定爲：「政治是階級社會中以經濟爲基礎的上層建築，是經濟的集中表現，是以政治權力爲核心展開的各種社會活動和社會關係的總和。」〔註23〕政治是人類社會一種特殊的歷史現象，它產生於人與人之間的利害衝突，是社會中佔據統治地位的階級，通過建立以暴力爲基礎的國家政權，利用法律這種強制性的手段來調節利益分配，解決社會衝突的活動。法律是國家機關制定或認可的，由國家強制力保證其實施的，由物質生活條件決定的統治階級意志的表現，其作用是確認、保護和發展有利於統治階級的社會關係與社會秩序的行爲規則的總和。〔註 24〕政治與法律有許多共同點，首先政治與法律都屬於社會的上層建築，它們都是建立在特定的社會經濟的基礎上，由經濟基礎決定並反作用於經濟基礎，如同馬克思所說的那樣：「法的關係正像國家的形式一樣，既不能從它們本身來理解，也不能從所謂人類精神的一般發展來理解，相反，它們根源於物質的生活關係」。〔註25〕其次它們都有強烈的階級性，政治和法律都處理和調整階級關係和國家社會關係，都爲一定的階級服務。再次，它們都是與國家政權聯繫在一起，政權問題是一切政治的核心，法律則是通過政權制定和認可，由國家強制力保證實施。因此，國家與法律是緊密聯繫在一起的，在某種意義上說，法律也是一種政治。但另一方面，政治與法律又有所區別，政治是人們根據社會利益，通過政治權力進行政治權利分配的社會關係，而法律則是

〔註23〕 王惠岩主編：《政治學原理》，高等教育出版社，1999 年版，第 5 頁。
〔註24〕 王惠岩著：《法學基礎理論》，紅旗出版社，2000 年版，第 44 頁。
〔註25〕 馬克思：《政治經濟學批評·序言》，見《馬克思恩格斯全集》（第十三卷），人民出版社，1962 年版，第 8 頁。

特定的政治權力制定和認可的對於社會成員在社會和政治社會生活中的相互關係和行爲的剛性規範，兩者從不同的角度，以不同的方式和作用，共同服務於政治統治階級和集團的利益。〔註26〕

我們應當辯證的思考政治與法律之間的關係。誠然，法律是由經濟關係決定的，但經濟關係不可能直接地決定法律，經濟關係對法律的決定作用只是從歸根結底的意義上來講的。實際上，法律直接地決定於作爲經濟關係抽象反映的政治關係。馬克思恩格斯在《德意志意識形態》中指出：「在這種關係中占統治地位的個人除了必須以國家的形式組織自己的力量外，他們還必須給予他們自己由這些特定關係所決定的意志以國家的意志即法律的一般表現形式。這種表現形式的內容總是決定於這個階級的關係」。〔註27〕恩格斯在 1890 年 9 月 21 日致布洛赫的信中更是指出，法的形式是各階級之間關係的政治結果。〔註28〕列寧說得更明確：「憲法的實質在於：國家的一切基本法律和關於選舉代議機關的選舉權以及代議機關的權限等等的法律，都表現了階級鬥爭中各種力量的實際對比關係。」〔註29〕從馬克思主義經典作家的論述中我們可以得出，任何國家的法律都只能是在政治關係中占統治地位的階級要要和極大的權威性，因而它是調整政治關係的重要的不可替代的手段。故北京大學王浦劬認爲，就政治與法律的關係來說，政治是法律產生和發揮作用的的前提。首先，法律是由特定的政治權力機關制定和認可的社會規範，未經特定政治權力機關制定和認可的社會規範，如宗教規範、社會習俗和道德規範等等，都不能成爲法律。其次，法律依靠特定的政治權力強制，以社會成員的權利的方式實施，因此，它必須以特定的政治權力作爲其力量後盾，以政治權利確定和分配的特定權利爲實現形式。再次，法律必須在相對穩定的社會和政治秩序中發揮作用。換言之，法律只有在政治權力使社會政治矛盾處於自己的有效控制範圍內才能發揮作用，超出這個範圍，如社會處理混亂、動盪、戰爭以及鉅埠割據狀態中，法律就會失去作用。另一方面，法律對於政治又有重要的影響和作用，法律使政治

〔註26〕王浦劬等著：《政治學基礎》，北京大學出版社，2006 年版，第 14 頁。

〔註27〕馬克思、恩格斯：《德意志意識形態》，見《馬克思恩格斯全集》（第三卷），人民出版社，1960 年版，第 378 頁。

〔註28〕請參見恩格斯：《致約瑟夫·布洛赫》，見《馬克思恩格斯全集》（第三十七卷），人民出版社，1971 年版，第 461 頁。

〔註29〕列寧：《社會革命黨人怎樣總結革命，革命又怎樣給社會革命黨人作了總結》，見《列寧全集》（第十五卷），人民出版社，1959 年版，第 309 頁。

統治者的利益要求、權力地位和權利資格法規化，使政治權力的運行、政治權利的實現和社會政治成員的政治行爲規範化，使社會政治秩序規則化，使社會政治生活遵循法的精神，以公正、明確、穩定和公開的方式有效規法各種政治矛盾和政治活動，維持社會政治秩序，保障統治者的利益及其權力的正常運行，從而實現社會的依法治理。〔註30〕

　　在政治與法律的關係中，政治既然處於主導的地位，故法律的制定和修改必須服從政治的需要。統治階級的政治需要一般是由客觀的政治經濟情況所決定的，政治經濟情況的變化首先要求統治階級制定相應的政策，政策經過實踐逐步完善之後，又要制定或修改法律，使之具體化、固定化，這樣就產生了新的法律。任何統治階級爲了適應政治的需要，總是要根據社會經濟情況，社會關係等不斷地對法律進行廢止、修改和創制，爲自己的利益服務。

（二）清末政治改革中的法律重建

　　如前所述，由於社會的變遷導致晚清社會的政治多元化，導致了傳統的以來意識形態灌輸的傳統政治出現了危機。在政治統治與政治文化合法性面臨危機的同時，法律的合法性也遭遇了同樣的危機。

　　傳統中國政治統治的合法性主要依賴於意識形態的積極灌輸，而法律制度的合法性不過是服務於政治統治的目的，是一種不得已而求助的消極手段。而中國傳統的國家法素以嚴酷著稱，法律極其嚴密，訴訟極其複雜，晚清以降，狀況尤爲嚴重。譬如清律列舉了大約四千種犯罪行爲，同樣也逐一列舉丁對這些犯罪的處罰。刑罰分爲五等：第一等是笞，第二等是杖，用於大約一千種犯罪行爲。常例是笞一百折爲杖四十，但因受刑以後會感染，這對生命仍有嚴重的威脅。第三等是徒，服這種刑時，爲了使囚犯能經常吃飽飯和得到照顧，就要通過貪污的獄吏的服務，這需要給他們花很多錢，以支付各種開銷和行賄。第四等是流，或是終生，或到遠方，或在邊疆服軍役。最後，最重的刑罰是死刑，適用於大約八百種犯罪行爲；死刑又有輕重之分，逐步加重，包括絞、斬、曝屍、磔裂（即「千刀萬剮」）。清王朝的嚴刑酷法是的在老百姓擔種，打官司對有關各方都是一場災難。花在衙門差役身上的

〔註30〕請參見王浦劬等著：《政治學基礎》，北京大學出版社，2006 年版，第 14～15頁。

錢，可以使被告和原告雙方都傾家蕩產。〔註31〕這另一方面也使得胥吏、包稅人、訟師等其生計全賴收取賄賂、巧取豪奪等這些非正式收入來維持的階層迅速擴大，正如王韜所描述的：「自漢至今幾二千年來，……律例繁多，刑獄瑣碎；文法之密，逾於羅網；辭牘之多，繁於沙礫。動援成法，輒引舊章，令人幾無所措其手足。各直省稟報之案，虛詞緣飾，百無一直，而更益之以六部之律例紛法，互相牽制。不知以次便於吏胥舞文弄法，索賄行私……」。〔註32〕這種現狀加劇了國家與百姓之間的緊張，導致了人們對官府、法律的不信任，甚至進行持續不斷的反抗，譬如白蓮教起義、太平天國運動等等，都是老百姓對現存的法律秩序的合法性的挑戰。

另一方面，中國傳統法律中，關於民事行爲和商事行爲主要由民間習慣法來調整，而國家的正式法中關於民事行爲的法律規定多是一些半形式化的規則或一些體現儒家倫理的原則，而非體現形式合理性的現代民商法，故與形勢的發展極不協調。對此，著名歷史學家黃仁宇先生曾經指出：「本朝的法律也沒有維持商業信用、保障商業合同的規定，以此國際貿易無法開放，否則就會引起無法解決的糾紛。各地區按照其特殊需要而立法，更不能受到鼓勵，因爲會釀成分裂的局面。至於在文官集團內部，也無法通過組織系統集中這兩萬人的意見，必須假借諧音諷喻、匿名揭貼以及討論馬尾巴等等離奇的方法，混合陰陽，使大家在半信半疑之間漸趨統一。以上種種情況，在長時期裏造成了法律和道德的脫節。治理如此龐大的帝國，不依靠公正而周詳的法律，就勢必依靠道德的信條。而當信條僵化，越來越失去它的實用價值，淪於半癱瘓狀態中的法律也當然無法填補這種缺陷」。〔註33〕爲了保護日益興起的商業經濟及其利益，地方性的自治「會館」自發興起，並成爲一種「準公共權力」爲商業活動提供服務和保護功能。而隨著商業經濟的日漸繁榮，特別是中國與西方世界交往的增加，「中國中心論」的地理觀和世界觀發展出的一套獨特的朝貢體系，遭遇了自《南京條約》簽訂後的新型的建立在民族國家平等觀基礎上的國際法體系的強大挑戰，並最終爲新的條約制度所取

〔註31〕請參見費正清主編：《劍橋中國晚清史：1800～1911》（上），中國社會科學出版社，1996年版，第25～27頁。

〔註32〕王韜著：《弢園文錄外編》，轉引自（美）柯文著，雷頤等譯：《在傳統與現代性之間 —— 王韜與晚清革命》，江蘇人民出版社，1998年版，第194頁。

〔註33〕黃仁宇著：《萬曆十五年》，三聯書店，1997年版，第238頁。

代。朝貢制度的消亡不僅象徵了中國傳統世界秩序的破壞、瓦解，而且在一定程度上標誌著中國的龐大法系——中華法系的瓦解。而隨著條約制度取代朝貢制度，在中西法律文化的衝突中隨著租界的建立治外法權也得以確立。由於租界內實施西方的法律制度，包括立法制度、司法審判制度、律師制度、鑒於制度等，這種制度有強烈的示範作用而瓦解著傳統的、作爲合法化手段的法律制度體系。〔註34〕

　　總之，晚清以來，在國家市民社會之間的溝通領域或交涉領域中，原來穩定的、控制局面的。平衡國家與社會的同質的紳士階層讓位於相互衝突的、缺乏共同信念的、破壞國家與社會原有關係的異質的「地方精英」，包括傳統的紳士、紳商、商人、軍事家、教育家和土匪首領等各種「職能性精英」。正是由於公共領域中的機構性轉變，使得中華帝國合法化所採用的「儒家模式」發生了整體性危機。而危機的解決有賴於通過公共領域而重建國家與市民社會的關係。然而，也正是由於中華帝國與西方世界的相遇，才使得中國成爲「世界中的中國」而被納入「世界體系」，才使得合法性重建打破了中華帝國幾千年王朝更迭的鏈條。從此，政治秩序的合法性重建必然是漫長的、複雜的、融合中國與西方、彌合傳統與現代、平衡國家與社會、契合「大傳統」和「小傳統」的過程。〔註35〕關於合法性重建的方式，興起了兩種主張，一種爲激進派主張，它通過人們的道德模範作用來重塑社會秩序，譬如「同治中興」；另一種則是溫和派的主張，它強調使用強制性的制度來恢復秩序，譬如「清末新政」。〔註36〕清末的政治改革的目標正是追去政治秩序合法性的重建，而法律重建必然是其中最爲基本的內容和最爲重要的路徑。

　　強世功先生認爲，從根本上講，制度是知識運作的產物。清末政治改革中所修訂的具有現代性的法律制度，是西方法律文化在近代中國傳播的結果，法律改革中修訂的許多法律制度，都是從西方、尤其是日本移植而來的。但是，由於晚清以來的合法化之制度重建實際上是打破舊的秩序體系、重新分配權利與義務的過程，所以這必然引起各個階層參與到公共領域中進行爭

〔註34〕請參見王濤著：《中國近代中國的變遷（1689～1911）》，法律出版社，1995年版，第80頁。

〔註35〕強世功著：《法制與治理——國家轉型中的法律》，中國政法大學出版社，2003年版，第35頁。

〔註36〕請參見強世功著：《法制與治理——國家轉型中的法律》，中國政法大學出版社，2003年版，第45頁。

奪、談判、討價還價，最終達成妥協而形成大家共同信守的規範，從而建立新的制度安排的合法性，因此清末政治改革中的法律改革不可能是對西方法律制度的全盤移植，也必然是各個階層在公共領域中交涉的產物，它反映了各個階層的力量對比。〔註 37〕

　　早在 1901 年 7 月 20 日，張之洞、劉坤一聯名的具有里程碑意義的第三道奏摺中，他們就擬提請朝廷創設現代的「礦律、路律、商律、交涉、刑律」；清政府也在 1902 年初便公開表示要進行法律改革，並於 1902 年 5 月 13 日頒佈上諭，著派沈家本、伍廷芳將一切現行法律，按照交涉情形，參酌各國法律，悉心考訂，妥為擬議；但是直到 1906 年 9 月，清廷趨向贊同立憲，法律改革才得以有了實質性的進展，1906 年 9 月 1 日，慈禧太后頒佈重要的《預備立憲之詔》後，法律改革才得以持續進行。1907 年，清廷宣佈成立法律修訂館，由沈家本、伍廷芳人修訂法律大臣，由於伍廷芳任職甚多，事實上法律修訂差不多是沈家本單獨負責。

〔註 37〕請參見強世功著：《法制與治理 —— 國家轉型中的法律》，中國政法大學出版社，2003 年版，第 45～46 頁。

第二章　沈家本的生平及其
思想的演進

一、遭時多故憂國憂民：出仕前的生活與思想狀況

1840 年在中國的歷史上具有標誌性的含義，中國的社會從此開始了「三千年未有之巨變」，沈家本就出生於這樣一個時代。道光二十七年七月二十二日，即公元 1840 年 8 月 19 日，浙江歸安縣屬的湖州郡城南門內編吉巷口沈家，沈家本呱呱墜地。沈家是一個宦跡不顯的詩書世家，世代科舉，世代不顯。沈家本的祖父沈鏡源，即是一個屢試不第的落魄舉人，靠清代的大挑制度才得以被選授慶元縣教諭的小官。〔註 1〕沈家本生父沈丙瑩，道光十二年（1832 年）中舉，道光二十五年（1845 年）考中進士，同年補官刑部爲陝西司主事，5 歲的沈家本便隨父進京開蒙讀書，從此，沈家本走向了祖輩延續下來的苦讀經史、攀登科舉的痛苦之路。

從道光二十五年到咸豐七年，沈丙瑩在刑部爲官整整十二年，仕途基本順利，由陝西司主事升爲廣西司員外郎，再專人江蘇司郎中，《沈丙瑩本傳》稱其「熟於律例」，「爲上官所重，肅順異權，招之，謝不往。」《春星草堂集》施補華《序》亦云：「先生昔官刑曹，沉默畏懼，不求自異而勤於其職，能以律意傅獄情，多所平反。權貴人用事，招之勿往。」《春星草堂集》徐兆豐跋

〔註 1〕 乾隆十七年定制：會試三次不中的舉人，由禮部分省造冊，咨送吏部，派遣王與大臣共同揀選其中較爲優秀者分爲二等，一等以知縣試用，二等以教職詮補，這一定制被成爲舉人大挑。沈鏡源於道光六年（1826 年）大挑，被選爲二等，次年被選授慶元縣（今浙江龍泉縣）教諭，翌年赴任，一直到道光十三年（1833 年）才告病返鄉。

亦稱：「先生以甲科起家，其始官刑部也，勤於其職，遇疑獄多平反，而不自表曝，以博赫赫名。」〔註2〕沈家本長期在父親身邊，其思想也深受父親的影響。特別是沈丙塋剛正不阿、嚴於職守的品格，都使沈家本耳濡目染，繼承了乃父的可貴品質。當然，沈家本也繼承了乃父「順資平進」的迂腐觀念，幾十年爲科舉所累。

沈家本在京時，就學於名士閔連莊，閔連莊是沈丙塋的朋友，但對於閔連莊，相關文獻記述甚少，只有沈家本在其逝世後兩年曾賦詩表示懷念，流露了師生之間的深厚之誼。另外身居要職的同光重臣沈桂芬，也被沈家本列位授業恩師，據《清史稿》《清史列傳》本傳記載，沈桂芬是一個「遇事持重」、「諳究外情」的官僚，服膺儒家學說，堪爲楷模式的人物「躬行謹飭，爲軍機大臣十幾年，自奉若寒素，所處極湫隘，而未嘗以清節自矜」。〔註3〕沈桂芬是沈家本的姨父，沈家本對這位長輩兼老師，執禮甚恭，也深受其影響。

這一時期的沈家本，少年意氣，滿懷報國熱情，努力攻讀，以圖完成學業報效國家。《清史稿》本傳記述沈家本：「少讀書，好深湛之思。」根據同治乙丑年（1865年）沈家本就其本人幾年來所讀之書作《借書記》，這幾年他總共讀書 348 本，這些書非常龐雜，既有經史，也有子集；既有神仙，也有怪異；既有國內著作，也有西方譯作；既有正統書籍，也有清朝禁書，譬如有《仙吏傳》、《柳毅傳》、《龍女傳》、《神女傳》、《再生記》、《離魂記》、《靈鬼志》等神仙鬼怪之書，《測量法義》、《幾何原理》、《同文算指前編》、《全體新書》、《海錄》、《新釋地備考全書》等早期西方傳教士以及近期西洋譯作，可謂林林總總，盡被沈家本收之眼底。沈家本《借書記》小引，記述了他的求書之苦與讀書之樂：

> 余喜書，退輒手一篇。然健忘，掩卷不能舉一字，可矧也。家素藏書不多，既攻舉業，又無暇多讀書。十年之恨，與吾家攸之同矣。泊入楚來，以道遠且阻，書多置不攜，惟向人借觀，頗有荊州之難。因歎有書者，不可不多讀，尤不可不急讀，「姑待」二字誤人不少。〔註4〕

〔註2〕 請參見張國華、李貴連編著：《沈家本年譜初稿》，北京大學出版社，1989 年版，第 4～5 頁。

〔註3〕 請參見李貴連著：《沈家本傳》，法律出版社，2000 年版，第 9～10 頁。

〔註4〕 沈家本撰：《沈家本未刻書集攥》（下），中國社會科學出版社，1997 年版，第 1765 頁。

咸豐九年（1859 年），沈丙瑩外放貴州安順府知府，路途遙遠，貴州又係邊遠窮省，且正值兵亂前途未卜，故沈丙瑩留眷京師。沈家本等本欲率室南歸返回浙江湖州，然太平軍興，不久太平軍忠王李秀成即率師入浙，戰火紛飛，沈家本不得已滯留京師，暫居會館。此時，經濟來源斷絕，生活每況愈下，使得第一次挑起家庭重擔的沈家本倍感艱辛。而壞消息接踵而來：劉秀成揮師入浙後聯繫佔領安吉、長興、湖州、杭州，外祖父俞錕戰死沙場，沒過門的原聘妻子鄭氏死於戰亂，在沈家本內心深處留下了難以撫平的傷痛。然滯留京師的窘境遠未結束，1860 年，第二次鴉片戰爭爆發，英法聯軍兵臨城下，清廷皇室逃往熱河，不久聯軍攻入北京，火燒圓明園，沈家本也不得不攜家帶口離京避難。直到九月份，咸豐帝批准了留守全權大臣恭親王簽訂的中英中法《北京條約》，侵略者滿載劫掠的財寶退除北京，沈家本才攜眷回到北京城。面對國勢的頹敗、帝國主義的侵略和不平等條約的簽訂，沈家本憤恨難消，慨歎：「經洋人劫掠，城內一片荒涼，雖百姓宅中損折尚不太大，然人心荒荒更可畏也。洋人槍炮，究令朝廷立約，竟以為保全大局。國人前途正不知向何往也。」〔註 5〕

翌年，沈丙瑩署銅仁府事，沈家本攜眷前往，他沿著古驛道，由保定、邯鄲、襄城、葉縣、新野、襄陽、沙市、安鄉、沅陵到達銅仁。然沈丙瑩遭人排擠，不得不離開銅仁前往貴陽待命，此後經年，沈家本不得不攜家在湘黔一帶顛沛流離，目睹了百姓流離失所、賣兒鬻女的悲慘境遇，沈家本寄予了深切的同情。百姓生計日拙，民情愁苦，而官府辦事，毫無益民之處，沈家本憂國之衰敗，憂民之痛苦，也反映了其一定的民本思想，由此他希望能夠天下大治，國泰民安。

同治三年（1864 年），沈家本依仗父蔭，援例補入刑部，宣告結束了其少年時代，開始了其政治生涯。

二、以律鳴於時：三十年的刑曹和科舉生涯

從同治三年六月（1864 年 7 月）沈家本到刑部報到至光緒十九年八月外放天津，沈家本在刑部呆了整整三十年。這三十年，沈家本是科舉與刑曹並行，

〔註 5〕轉引自沉厚鐸：《略論沈家本的生活道路及其思想發展》，載《政法論壇》（中國政法大學學報），1990 年第 4 期。

個人和家庭都變化很大。科第方面，他輕而易舉的考取了舉人，但會試進士卻屢次名落孫山，直至過了不惑之年，才金榜題名考取進士。刑曹方面，則由於他個人的努力，很快得以「以律鳴於時」，成了一名精通律例，能得心應手處理各種複雜案件的刑部司員，並在經史考證和律學研究方面，成就斐然。〔註6〕

同治四年（1865年），浙江補行辛酉科鄉試。剛到刑部任職不久的沈家本由京師南下，經天津走海路返回浙江參加鄉試。沈家本雖「扶病入場」，三場考試一揮而就，全部三場房師薦批曰：「首藝理明機圓，詞無龐雜，次、三清暢，詩妥。經藝穩潔一律。五策清潔。」〔註7〕如願以償得以考中舉人。但造物主的確作弄人，在以後的會試中沈家本卻連連受挫，自乙丑（1865年）舉於鄉，直至癸未（1883年）考中進士，其間經過了將近20年的不懈努力才得以酬其科舉之志，可謂耗盡了他的青春。在考取進士之前，沈家本的主要精力顯然都集中在八股文上，只是間或從事經史考證工作，然仍是成果卓著。據李貴連教授統計，著述計有：

《諸史瑣言》。包括《史記瑣言》三卷，《漢書瑣言》五卷，《後漢書瑣言》三卷，《續漢書志瑣言》一卷，《三國志瑣言》四卷。

《古書目四種》。包括《三國志注書目》二卷，《世說注書目》三卷，《續漢書志注書目》三卷，《文選李善注書目》六卷。

《說文引經異同》二十六卷，《附錄》二卷。

《三國志校勘記》六卷。

《古今官名異同考》一卷。

《日南讀書記》十八卷。

《漢書侯國郡縣表》一卷。

《奇姓彙編》一卷。

《吳興瑣語》一卷。

《金井雜誌》一卷。

沈家本考中進士之後，即以原官即補，由後部刑部郎中升為正式郎中，接著任刑部奉天司主稿兼秋審處坐辦，律例館幫辦提調、協力提調、管理提調等，「專心法律之學」，〔註8〕專意案牘，加上沈家本秉承家學淵源，以及幾

〔註6〕請參見李貴連著：《沈家本傳》，法律出版社，2000年版，第37頁。
〔註7〕請參見李貴連著：《沈家本傳》，法律出版社，2000年版，第43頁。
〔註8〕《清史稿・本傳》，卷四四三。

十年來的歷練，不久即以律鳴於時，成爲刑部著名的法律專家。這個期間沈家本的法律著述，主要有：

《內定律例稿本》六卷。清嘉慶、道光、咸豐三朝秋朝審黃冊出語的彙集。出語，即秋朝審案件經九卿會議後，刑部繕寫黃冊，對各案所作的結論性意見。

《學斷錄》四案。學斷，學習斷案之謂也。沈家本從史書中錄出四案，然後以按語抒發己意而成。

《刺字集》五卷。沈家本第一部公開刊行的學術著作，是研究我國古代刑罰制度的頗有價值的參考文獻。時任刑部侍郎的著名法學家特爲之作序，並大加推譽：「其考據之詳明固不待言。予尤歎其用意之深厚。」〔註9〕

《壓線編》一卷。匯錄沈家本爲律例館、江蘇司、奉天司、直隸司、四川司同僚代擬案牘 12 件。

《律例雜說》一卷。係對《大清律例》中各種刑名、罪名的解釋。

《刑法雜考》一卷。係對律例中各種刑名、罪名的源流的考證與解釋。

《奏讞匯存》一卷。光緒十五年至光緒十九年間，沈家本在刑部審理案件、結案後擬定的，以刑部的名義上奏的奏稿的彙集。

《駁稿匯存》一卷。光緒八年至光緒十五年，沈家本在刑部草擬的對各省上報案件的批駁。

《雪堂公牘》一卷。光緒十四年、十五年、十八年沈家本在刑部辦理案件的公牘彙集。

《秋讞須知》十卷。沈家本自己的秋審處任職所獲經驗和對秋審條例的理解。

《刑案刪存》六卷。爲嘉慶、道光、咸豐、同治、光緒年間刑部所辦刑案的彙編。

這些流傳下來的文字，是沈家本三十年刑曹生涯的見證，也是對沈家本被時人稱爲法律專家的見證，從中我們可以一窺沈家本的法律和律學思想。李貴連教授在《沈家本傳》中引用了沈家本著述中的兩篇小引，我認爲這兩段小引堪能概括沈家本在刑部三十年的經歷。茲轉錄如下：

> 余性駑鈍，少攻舉子業，進步極遲。乙丑舉於鄉，復困於禮部

〔註 9〕 請參見張國華、李貴連編著：《沈家本年譜初稿》，北京大學出版社，1989 年版，第 30～31 頁。

試，癸未始脫舉籍。此數十年中，爲八比所苦，不遑他學。間或從
事經史考證之書，若古文詞未之學也。（沈家本《寄簃文存》小引）

　　余承乏西曹，癸未捷南宮後，始留心亭疑奏讞之學，公餘討論，
不敢妄自菲薄。雪堂友人不以爲菲，當薄書叢積之時，嘗以案牘來
相推諉，爲之擬稿，積久遂得若干篇，匯而存之，亦足以備稽考。
秦仲明《貧女詩》云：「每恨年年壓金線，爲他人作嫁衣裳」。此亦
壓線之類也，因以二字提其端。（沈家本《壓線編》小引）

此一時期，末代王朝處於相對穩定的時期，洋務運動蓬勃開展，各種西方思
想更是滾滾而來，沈家本多有吸收。特別是先後擔任了軍機大臣兼理部都察
院左都御史及總理各國事務大臣，被稱爲「自文祥逝後，以諳究外情稱」的
沈家本的姨丈沈桂芬對沈家本產生了很大的影響，使得沈家本得以瞭解和接
受西方政治法律方面的知識。沈家本法律救國論，至此時，已初步形成並日
趨成熟。

三、法律救國思想的飛躍：外官任上

　　按照晚清官場慣例，像沈家本這樣的六部司員郎官，想要在官職上得到
陞遷，就必須外放各省道府，再由道府逐步陞遷，或爲封疆大吏或爲部院大
臣。然做了三十年司吏的沈家本，雖不論「才守」、「資格」都不輸於他人，
然因其不擅鑽營，亦不肯阿諛奉承，陞遷外放的好事始終未能降臨到他的身
上。光緒十九年（1893 年），沈家本已 53 歲，到刑部任職整整三十年，沈家
本寫到：「薄宦久經諳世味，高歌翻羨作詩狂」，道盡了懷才不遇的委屈與悲
涼以及對前途的絕望。然命運就在這時發生了變化，當年京察，沈家本被列
位上等，中秋過後奉旨簡放天津知府。外放天津，是沈家本政治生涯的轉折
點，也是他法律救國思想得以飛躍的新階段。

　　從光緒十九年冬至到光緒二十三年夏，沈家本任天津知府三年有餘。《清
史稿》本傳評價沈家本「治尚寬大」，《墓誌銘》則據以佐證事爲：「津俗極驃
悍，喜械鬥。前守持之嚴，風少斂。公履任，以寬大爲治。群不逞之徒以爲
可欺也，聚百人鬧於市。公飭役擒其魁四人，戮之，無復敢犯者。望海樓者，
法蘭西教堂也。庚申毀於火。至是重建成，津人感念前者，訛言繁興。又適
有偵獲誘賣孩童人犯事。舊律：非迷藥不處死刑。公曰：是豈可以常例論乎，

競置之法，而民大安。於是，又知公之用律能與時爲變通也。」〔註10〕我們可以得出，事實上，沈家本在天津任職並非一意爲寬，而是仍然使用中國傳統統治者寬猛相濟的統治術。但沈家本辦案不拘於法律條文，能夠按照不同情況靈活處置，不憑主觀臆斷，而是注重實地考察，這些都是難能可貴的。

在天津任上，沈家本遭遇的一件大事就是中日甲午戰爭。天津是海事繁劇之地，又是直隸總督兼北洋大臣駐地，中方指揮戰爭的中樞，所以至關重要，沈家本作爲最高地方長官，自不能置身事外。事實上早在光緒五年（1879年），沈家本就有《續海防要論》，針對當時海防的弊病，提出要發展資本主義經濟以籌集海軍經費，消除海軍內部的腐敗以提高海軍的作戰能力。〔註11〕而甲午戰爭則爲他的這篇文章作了最好的注腳，沈家本擔憂的事情終於成了事實。沈家本對甲午戰爭的不戰而敗自然悲憤之極，他在1894年11月4日的日記中寫到：「歲糜六百萬九年於茲，竟不能得毫末之用，可歎可恨！」《馬關條約》簽訂後，在《守津雜記》中一一批駁了條約的大致內容，憤而抨擊：「中國之事，無不取恥，每戰必虧，又兼賠款、革利、讓權。錢、權、利取之拱手以遺人，實可歎咦，可悲矣。」沈家本認爲清朝軍隊失敗的原因，在於清朝統治者的內部矛盾：「由來師克在人和」，並認爲解決中國的問題「唯爲變法計」，〔註12〕可見，沈家本此時在思想上已有變法救國的思想。

光緒二十五年（1897年），沈家本奉旨調任保定知府，時康梁正積極宣傳和鼓吹變法，翌年戊戌變法即在全國推行，光緒諭旨興辦學堂。沈家本自是全力支持，主張將蓮花書院改爲省高學堂，將畿輔學堂改爲保定郡中等學堂，卻招致了保守官員的反對，改造計劃遲遲未能實施。然不久，西太后垂簾聽政，六君子蒙難，沈家本深爲悲痛，並賦詩表示哀悼，他同情變法，卻又不贊成激進的變法，認爲在當時的時局下，特別是在西太后的集權下，過激的變法只能導致變法的失敗，「譬諸怯病，欲速則不達也」。

光緒二十六年（1900年），中國近代史上發生了庚子之變，國難深重，沈家本也和國家一樣命懸一線，差點慘死侵略軍刀下。是年8月14十日，八

〔註10〕 請參見張國華、李貴連編著：《沈家本年譜初稿》，北京大學出版社，1989年版，第42頁。

〔註11〕 請參見李貴連著：《沈家本傳》，法律出版社，2000年版，第76～79頁。

〔註12〕 請參見沉厚鐸：《略論沈家本的生活道路及其思想發展》，載《政法論壇》（中國政法大學學報），1990年第4期。

國聯軍侵入北京，慈禧與光緒帝倉皇出逃，10 月 16 日，聯軍進入保定。保定一干官員被拘禁於教堂，除沈家本幸免於難外，其餘官員被集體斬殺，沈家本雖免於一死，卻也被囚禁達四月之久，直到李鴻章在《和議大綱》上畫押之後，沈家本才得以恢復自由。從第二次鴉片戰爭到庚子之變，沈家本親歷了兩次帝國主義的侵略，這也使他看到了朝廷之腐敗，國力之衰微，也使得他逐步樹立了「當今之世，不行變法，無以強國；不興科學，無以教民」的政治主張，至此，沈家本完成了思想的飛躍。

四、法學匡時爲國重：執掌刑部與奉命修律

沈家本獲得自由後，離開保定，前往西安觀見慈禧和光緒。時已經致仕的沈家本的老上司薛允升，年屆八十，又被重新啓用擔任刑部左侍郎，旋又升任刑部尚書，然在回京途中不堪旅途奔波，駕鶴西去，不久，沈家本被任命爲刑部右侍郎。這一任命，給沈家本的人生和事業帶來了巨大的轉機。

清朝中央六部，各部設尚書二人，滿漢各一；設左右侍郎四人，滿漢各二。尚書和侍郎都是堂官，通稱六堂官，如果大學士或軍機大臣兼職管理某一部，則稱七堂官，但對部政起決定作用的只有一位，通常稱之爲當家堂官。沈家本再回刑部，初爲右侍郎，再爲左侍郎，一直到光緒二十二年官制改革，刑部被改爲法部爲止，沈家本主政刑部，一直是刑部當家堂官，期間恪守其職，爲刑部的有效運行做出了貢獻。

晚清的中國可謂內外交困，晚清的統治更是遭遇了前所未有的挑戰和危機，正是在這種情況下，晚清統治者爲了挽救其危亡，一改「祖宗之法不可變」的陳腐觀念，實施所謂的憲政，而法律改革，實爲憲政的一部分。光緒二十六年十二月初十日，在逃的慈禧太后以光緒帝的名義發佈變法詔書，承認清政府「習氣太深，文法太密」，必須學「西政之本源……去外國之長，乃可補中國之短」，「總之，法令不更，錮習不破，欲求振作，當議更張。」〔註13〕二十八年二月初二日，清廷下詔「中國律例，自漢唐以來，代有增改。我朝《大清律例》一書，折衷至當，備極精詳。惟是爲治之道，尤貴因時制宜，今昔情勢不同，非參酌適中，不能推行盡善。況近來地利日興，商務日廣，如礦律、路律、商律等類，皆應妥議專條。著名出使大臣，查取各國通

〔註13〕《大清德宗景皇帝實錄》，卷四七六。

行律例，咨送外務部。並著責成袁世凱、劉坤一、張之洞，愼選熟悉中西律例者，保送數員來京，聽候簡派，開館纂修，請旨審定頒行。總期切實平允，中外通行，用示通變宜民之至意。」〔註14〕正式將法律改革列入議程。四月初六日，慈禧發出上諭：「現在通商交涉，日益繁多，著派沈家本、伍廷芳，將一切現行律例，按照交涉情形，參酌各國法律，悉心考訂，妥爲擬議，務期中外通行，有裨治理。俟修訂呈覽，候旨頒行」。〔註15〕由此開始了沈家本生命中最爲輝煌的十年，也奠定了沈家本在中國法律史上的重要地位，中國法律的現代化也終於邁開了步伐。

〔註14〕《大清德宗景皇帝實錄》，卷四九五。
〔註15〕《大清德宗景皇帝實錄》，卷四九八。

第三章　沈家本會通中西的
法律改革思想

　　沈家本溘然長逝後，他的學生唐浯鑒寫了一副輓聯，上聯是：「任支那法繫於一身合周漢唐明以迄凊朝酌古準今豈徒考據詞章融通國粹」；下聯是：「識世界大同之主義參英美法德日而成新律治內安外宜乎環瀛裨海洋溢聲明」。〔註1〕這幅輓聯，可謂既綜合了沈家本一生的功績，也道出了沈家本法律改革思想的淵源，參酌古今，會通東西，或許是對沈家本法律改革思想的淵源的精當的概述。

一、沈家本對傳統法律文化的繼承與發展

（一）中國傳統法律的特徵

　　中國傳統法律歷經數千年的發展，可謂源遠流長內涵豐富，富有中華特色，被譽爲人類文明發展史上著名的「中華法系」。民國著名法學家陳顧遠先生在論及中國法律法制之特質時指出：「學者嘗謂世界法系，爲十有六……學者或又謂世界法系，大別有五……而無論如何設說，中國法系皆居其一。夫一法系之所以成立，必有其一職獨樹之特質，與卓然不群之精神，雖彼此或有相類之點，但彼此絕無盡同之事。……中國法系既非附屬於任何法系，而有其嶄然獨立之地位，亦必先知其特徵所在，然後始可以語此。學者中雖有認爲今後宜注意中國法系之如何重新創造，俾免於爲印度法系及回回法系衰

────────────────

〔註1〕張國華、李貴連編著：《沈家本年譜初稿》，北京大學出版社，1989年版，第273頁。

微之續，但中國法系之原有特徵，仍未可一筆抹殺，尤其治中國法制史者限於體例，莫能厭故而求新也。中國法系之進步遲緩，固有其原因，中國法系之特殊精神，則又另一問題也。況數千年來，中華民族永爲中國法系下之法制所支配，民族精神亦必息息與之相關；即云創造中國法系之新生命，恐未必皆能革除向日之特徵，而成爲絕對簇新之法系也」。〔註 2〕陳顧遠先生此之論斷，不僅揭示了中華法系之獨立地位與中華法系之特殊精神之關聯，而且指出了中華法系之新生，決不能離開對中國傳統法律之特徵的探討與吸收。

那麼，中國的傳統法律究竟有何特徵和品格呢？這一點，學術界向來眾說紛紜，仁者見仁智者見智。有學者將中國古代法律的特點歸納爲以下三點：一是重視成文法典並慣於把有關社會規範的思想意識和制度用文字記載下來；二是以天理作爲法的理論依據，並以合乎天理爲立法的指導思想；三是禮法並重。〔註3〕有的學者則認爲，中華法系的特點是法自君出，受儒家倫理道德觀念的深刻影響，家族法在整個法律體系中佔有重要地位，另外還有諸法合體、民刑不分、律外有法等特點。〔註4〕諸如此類的論點，可謂不勝枚舉，可以預計，在這個問題上永遠不會有一個標準的答案。但是我想，從中國傳統法律的哲學基礎入手，這或許是解答上述問題的一個路徑。

中國傳統法律文化有著獨特的哲學基礎，中國獨有的哲學「天道觀」和「人道觀」即天人關係的哲學內核決定了中國傳統法律文化的主要特徵。「天」是什麼呢？在中國傳統哲學中，「天」被賦予了至高無上的神性，「天」成了宇宙以及人間萬物的最高主宰。「天」有多重含義，有自然意義上的天，有神靈意義上的天，有絕對精神意義上的天，有上帝和祖先居所意義上的天。中國古代的「天」是自然的一元論系統，在這個一元論系統中，天道具有不同的涵義，但一般說來有兩方面的含義：一是天帝的意志，即自然法則；二是人事的德性，即社會法則，所以天道和人道是相通的，人類社會的根本法則、規律、道理是就是應天、順天、法天，亦即順從天道、體現天道、實踐天道，人之道就是天之道在人類社會生活中的體現。所以老子主張：「人法地，地法天，天法道，道法自然」；〔註5〕莊子主張：「依乎天理，因其固

〔註 2〕陳顧遠著：《中國法制史》，中國書店，1989 年版，第 52～53 頁。
〔註 3〕請參見陳朝璧：《中華法系特點初探》，載於《法學研究》，1980 年第 1 期。
〔註 4〕請參見張晉藩：《中華法系特點探源》，載於《法學研究》，1980 年第 4 期。
〔註 5〕《道德經》第二十五章。

然」；〔註6〕而在儒家那裡，天道乃是人性道德的化身，即所謂：「子曰：天生德於予，桓魋其如予何」；〔註7〕又「是故誠者，天之道也；思誠者，人之道也」。〔註8〕正是由此出發，儒家主張社會的典章制度要與天道自然秩序相和諧，即所謂：「天高地下，萬物殊散，而禮制行也；流而不息，合同而化，而樂興也……故聖人作樂以應天，作禮以配地，禮樂明備，天地官矣」。〔註9〕天人合一，這就是古代法制之終極理想。

我們可以得出結論，中國傳統法律觀念和法律制度，都是「天人合一」哲學觀念在法律領域的應用或外化，中國歷代法典也都將其本身視為天道秩序的體現。譬如：「《洪範》曰：『天子作民父母，為天下王。』聖人取類以正名，而謂群為父母，明仁、愛、德、讓，王道之本也。愛待敬而不敗，德須威而久立，故制禮以崇敬，作刑以明威也。聖人既躬明哲之性，必通天地之心，制禮作教，立法設刑，動緣民情，而則天象地。故曰：先王立禮，『則天之明，因地之性』也。刑罰威獄，以類天之震曜殺戮也；溫慈惠和，以傚天之生殖長育也。《書》云『天秩有禮』，『天討有罪』。故聖人因天秩而制五禮，因天討而作五刑。」〔註10〕因之，「天人合一」是中國傳統法律的終極依託，「內聖外王之道」則是實現這一法律理想的途徑，這一王道精神給中國傳統法律鑄上了三個不可磨滅的品格烙印：

1、援禮入法、禮法並重

在儒家看來，最能體現王道精神的乃是禮治，因為禮治與人情和人性相通，反映了人道精神，所謂「太史公曰：洋洋美德乎！宰制萬物，役使群眾，豈人力也哉？余至大行禮宮，觀三代損益，乃知緣人情而制禮，依人性而作儀，其所由來尚矣。」〔註11〕然而在中國古代法制儒家化的過程中，禮法之爭一直由春秋延續到近代。在中國古代社會的經濟和政治制度上，雖然「禮」和「法」都有其存在的合理依據，但兩者的結合卻又是必然的。

禮是中國古老的一種社會現象，是中國傳統文化的核心，也是中國傳統法律文化的主要構成部分。從詞源上看，「禮」最早的字意是禮器，指祭祀用

〔註6〕《莊子・養生主》。
〔註7〕《論語・述而》。
〔註8〕《孟子・離婁》。
〔註9〕《禮記・樂記篇》。
〔註10〕《漢書・刑法志第三》。
〔註11〕《史記・禮書第一》。

品禮，後來發展成爲原始社會祭神祈福的一種宗教儀式，所謂「禮事起於燧皇，禮名起於皇帝」；〔註12〕又「禮，履也，所以事神致福也」。〔註13〕到周代，禮的含義已經相當豐富，體現在吉、凶、軍、兵、嘉等不同場合的禮儀規範，其特徵是將祭神爲核心的原始禮儀加以改造、擴充並予以系統化，從而成爲一整套的社會規範。經過周公制禮，禮的規范進一步系統化、規範化和制度化，成爲「法度之通名」。周公制禮的出發點和歸宿是「尊尊」和「親親」，尊尊爲忠，旨在維護君權，親親爲孝，旨在維護父權，這種政治與倫理相統一的理論，就是禮的思想基礎，周公制禮的實質，就是確立貴賤尊卑的等級秩序和制度，所謂「禮者，貴賤有等，長幼有差，貧富輕重皆有稱者也」；〔註14〕又有「夫禮者，所以定親疏、決嫌疑、別同異、明是非也」，「道德仁義，非禮不成。教訓正俗，非禮不備。分爭辨訟，非禮不決。君臣上下、父子兄弟，非禮不定」。〔註15〕而隨著西漢中期以後儒學被奉爲官方指導思想，儒家所遵從的「禮」也發展成爲以國家權力爲後盾的、由法律強制實施的行爲規範和國家意志。因之，禮所具有的規範人們行爲、調整社會秩序的特殊功能，使得援禮入法不僅是必要的，而且是可能的。援禮入法始於漢朝，漢儒以儒家學說爲指導解釋法律，直至以經決獄、經過魏晉南北朝的發展，到唐代確立了「德禮爲政教之本，刑罰爲政教之用」的立法指導思想，使禮法結合不僅完成，而且達到中國封建社會的最高峰。

唐律既是中國古代法的代表性法典，又是中華法系的典型性法典；唐律作爲中國古代禮法結合的最終產物，最爲充分地體現中國古代的禮法關係。唐律中體現的最爲基本的禮法關係可以概括爲：禮是法的指導，法是對禮的維護。張晉藩先生將唐律所體現的禮法關係概括爲以下四點：一是禮指導著法律的制定。魏徵曾經指出：「禮義以爲綱紀……明刑以爲助」，〔註16〕所以唐律的制定與修撰，必然要以禮爲指導，綱常之禮是唐律最基本的內容。二是禮典、禮法直接入律。唐律的很多內容，幾乎是禮典的翻版或是禮的原則的演繹。譬如《名例律》中的「八議」是《周禮・秋官・小司寇》中的「八辟」的照搬；《名例律》中的「矜老小及疾」的具體規定是《周禮》中「三赦

〔註12〕《禮記・標題疏》。
〔註13〕《說文解字》。
〔註14〕《荀子・富國》。
〔註15〕《禮記・曲禮上第一》。
〔註16〕《新唐書・刑法志》。

之法」和《禮記》的「悼耄不刑」的演繹。三是定罪量刑「於禮以爲出入」。違禮程度不同，所受的處罰不同，違禮嚴重的，用刑也重；反之亦然。在同一犯罪行爲中，行爲人地位高者受罰輕，地位低者受罰重，呈一種反比關係；同是一個行爲人，一種行爲，侵害對象地位高的，行爲人受刑重，反之則輕，呈一種正比關係。譬如《唐律疏議・鬥訟》「妻毆詈夫」條規定：「諸妻毆夫，徒一年；媵及妾犯者，各加一等」。〔註17〕四是禮法互補，共同維護社會的穩定和國家的長治久安。禮側重於預防犯罪，導民向善，法則側重於懲罰犯罪，禁人爲非，在現實的政治生活中，必須以禮的規範彌補法的不足，禮主刑輔，綜合爲治，才能使國家長治久安。〔註18〕

關於禮法的關係，我們大致可以歸納爲禮是法之體，法是禮之用，禮主法輔，以禮率法，出禮而入法，這一點，基本上是沒有異議的。陳顧遠先生是這樣闡述的：「因儒家重禮輕法之觀念深入人心，禮正其始，刑防其失，故除刑名之外，無所謂法也，故儒家之禮治，不特高居刑律之上，抑且深入刑律之中，使刑律之爲禮化也。律既有化於禮，禮亦不啻爲法，即置經義折獄不論，凡其所恃爲禮者，固一無文字之信條而視爲法律之源」。〔註19〕張晉藩先生則這樣總結了中國傳統法律文化中的禮法關係：「禮的等差性與法的特權性是一致的，禮法互補，以禮爲主導，以法爲準繩；以禮爲內涵，以法爲外貌；以禮移民心於隱微，以法彰善惡於明顯；以禮誇張恤民的仁政，以法渲染治世的公平；以禮行法減少推行法律的阻力，以法明禮使禮具有凜人的權威；以禮入法，使法律道德化，法由止惡而兼勸善；以法附禮使道德法律化，出禮而入於刑。凡此種種，都說明了禮法互補可以推動國家機器有效的運轉，是中國古代法律最主要的傳統，也是中華法系最鮮明的特徵」。〔註20〕

2、家族本位、倫理法治

黑格爾在比較中國和蒙古的古代法律文明時曾經指出：「歷史始於神權統治的國家 —— 中國和蒙古。兩國都把家長製作爲它們的原則，只不過方式迥然不同。在中國，這項原則發展爲世俗國家生活的有組織的制度；而在蒙古，

〔註17〕　《唐律疏議・鬥訟》。
〔註18〕　請參見張晉藩著：《中國法律的傳統與近代轉型》，法律出版社，1999 年版，第 30～34 頁。
〔註19〕　陳顧遠著：《中國法制史》，中國書店，1989 年版，第 58～59 頁。
〔註20〕　張晉藩著：《中國法律的傳統與近代轉型》，法律出版社，1999 年版，第 34 頁。

這項原則則停留在精神和宗教國家的簡單形式上。在中國，皇帝既是家長，國家法律部分是法規，部分是道德的規範，結果是內在的法律和主體對於自己意志內容的瞭解，作爲它的內在性和外在法律條例而存在。由於把道德法律看作國家法律，法律本身具有倫理的外表，所以內在性的範圍在這裡無法走向成熟。一切我們稱之爲主觀的東西都集中在國家元首身上。他和他的決定關係到全民的幸福和利益……」。〔註21〕黑格爾在這裡明確指出了中國傳統法律的一個特徵，即中國傳統法律受國家政治生活的影響和家族制度的制約，具有明顯的世俗化和倫理化的特色。

中國的古代國家是家族本位或者說是倫理本位的國家，家是國的縮微，國是家的放大，國家的結構和國家的行動，都是以宗法血緣關係爲歸宿的，法律也是以維護家庭本位的社會結構爲宗旨的。而隨著儒家思想被確立爲國家的統治思想，便開始了道德法律化與法律道德化的互動交融的過程。儒家倫理精神對中國古代的法律生活有著深刻的影響，這一點，已被許多中外思想家所反覆證明。儒家的綱常學說不僅是中國傳統法律的理論基礎，也是其基本內容，從而形成了以宗法倫理爲核心、法律與道德密切結合的中國古代法律制度。在這個意義上，有學者將中國古代法律稱之爲：「儒家倫理法」，並指出，儒家倫理法至少包括三層含義：「第一，儒家倫理法是把宗法家族倫理作爲大經大法的法文化體系；因此，第二，在這個體系中，宗法家族倫理被視爲法淵源、法的最高價值，倫理凌駕於法律之上，倫理價值代替法律價值，倫理評價統率法律評價，立法、司法等以倫理爲專意，由倫理決定其棄取；並且，第三，在現實的社會生活和政治生活中，以倫理代替法律，倫理與法律之間沒有明確的界限，宗法倫理道德被直接賦予法的性質，具有法的效力，從而形成法律倫理化和倫理法律化的雙向強化運動。」〔註22〕

在中國古代禮制中，宗族和家庭的地位是至高無上的，而每個社會成員則被設定在家族的等級名分的體系之中，形成尊卑有序的差序格局。早在奴隸制時代，隨著宗法制度的形成，家長權和族權就得到了國家的確認，譬如在西周時代，族權集中體現爲大宗的絕對權力，大宗有權調解各種族內糾紛，而且有權懲罰甚至處死宗人。而進入封建社會後，封建家族系統的族長或家

〔註21〕黑格爾：《東方世界》，載於夏瑞春編，陳愛政等譯：《德國思想家論中國》，江蘇人民出版社，1997年版，第111頁。
〔註22〕耘耕：《儒家倫理法批判》，載於《中國法學》，1990年第5期。

長的特權，在法律上得到了進一步的強化。譬如以「一準乎禮」著稱的《唐律》，無論其立法精神、立法原則、法律條文、法律適用等，都表現出家族本位的特徵。《唐律》規定：「諸奴婢有罪，其主不請官司而殺者，杖一百。無罪而殺者，徒一年。故殺者，加一等。」然「諸部曲、奴婢過失殺主者，絞；傷及詈者，流」。〔註23〕確認了族長與部曲、奴婢之間的主從關係以及不平等的法律關係。在中國封建的法律體系中，調整以父權為核心的加足間權利義務關係的法規，佔有非常顯赫的地位，法律直接賦予家長、族長調解族內糾紛，處理族內事務的權力。因此，在這個意義上，著名法史學家張晉藩先生將中國傳統的法律稱之為「家族倫理法」，他認為，家族倫理法以法律的形式確認宗族內部的尊卑倫常關係，樹立家長、族長的統治地位，調整族內成員的權利義務關係。其具體內容主要體現於：一是確認家長對子女婚姻的決定權；二是確認家長對財產的支配權；三是確認家長對子女的懲罰權；四是確認侵犯親權加重的處刑原則；五是確認「為孝屈法」、「為親屈法」的原則。〔註24〕總而言之，歷朝歷代的法律無不以確認和維護父權和族權為目的，通過法律的規定，使倫理和政治緊密結合，使家與國緊密結合。

3、諸法合體、重刑輕民

把「諸法合體，民刑不分」視為中國傳統法律的一個特點，在法律史學界可謂由來已久。英國著名法律史學家梅因在考察古代世界民、刑關係的基本特點時，特別指出：「大體而論，所有已知的古代法的蒐集都有一個共同的特點使它們和成熟的法律學制度顯然不同。最顯著的差別在於刑法和民法所佔的比重。……我以為可以這樣說，法典愈古老，它的刑事立法就愈詳細、愈完備」。〔註25〕梅因在這裡將刑法與民法在法律體系中的比重和地位視為古代法與近代法的重大區別，他還將社會分為靜止的與進步的社會，並認為在靜止的社會中，人們「在其民事制度因被納入某種永久紀錄中而第一次使其具有外表上的完備性時，就絕少有表示要再加以改進的願望」，而古代的中國和印度就屬於靜止的國家：「世界有物質文明，但不是文明發展法律，而是法律限制著文明。研究現在處在原始狀態下的各民族，使我們得到了某些社會

〔註23〕《唐律·鬥訟律》。
〔註24〕請參見張晉藩著：《中國法律的傳統與近代轉型》，法律出版社，1999年版，第120～129頁。
〔註25〕梅因著，沈景一譯：《古代法》，商務印書館，1996年版，第207頁。

所以停止發展的線索。我們可以看到，婆羅門教的印度還沒有超過所有人類各民族歷史都發生過的階段，就是法律的統治尚未從宗教的統治中區分出來的那個階段。在這類社會中的成員，認為違犯了一條宗教命令應該用普通刑罰來處罰，而違背了一個民事義務則要使過失者受到神的懲戒。在中國，這一點是過去了，但進步又似乎就到此為止了，因為在它的民事法律中，同時又包括了這個民族所能想像到的一切觀念」。〔註26〕

梅因關於中國古代民法地位的斷言，在很大程度上影響了 19 世紀歐洲思想界對中國傳統法律中的刑民問題的研究取向乃至當代學術界的思維定勢，李祖蔭為介紹《古代法》一書所作的《小引》云：日本有的法學家把《古代法》作者梅因的「大凡半開化的國家，民法少而刑法多」的觀點，奉為至理名言，「據此對我國大肆誣衊，說中國古代只有刑法而沒有民法，是一個半開化的、文化低落的國家。就在我國，也有一些資產階級法學家像鸚鵡學舌一樣，把自己的祖先辱罵一頓。事實上，古代法律大抵都是諸法合體，並沒有什麼民法、刑法的分別，中國古代是這樣，外國古代也是這樣。」〔註27〕由此又可推知，提出「諸法合體，民刑不分」說者，是外國人先於中國學者，中國學者著述中的「諸法合體，民刑不分」說，實際上是對在此之前類似看法的沿襲或概括而已。而數十年來，「諸法合體，民刑不分」是中華法系的基本特徵這一觀點，卻被廣泛沿用。從 1982 年出版的高等學校法學試用教材《中國法制史》到 1998 年出版的高等政法院校規劃教材《中國法制史》，都持這一看法，並進而作了理論闡發。〔註 28〕而目前國內學界對「諸法合體、民刑不分」是否中華法系的特徵這一論題，大致持三種意見。第一種觀點認為「諸法合體，民刑不分」是中華法系的基本特徵，中國人民大學出版社 1981 年出版的《中國法制史》是新中國成立以後較早沿用「諸法合體，民刑不分」這一論斷的法史著作，該書《緒論》寫道：「從戰國時李悝著《法經》起，直到封建末世的《大清律》，歷代具有代表性的法典基本上都是刑法典，同時也包含著民法、行政法、訴訟法等各方面的內容，這種混合編纂

〔註26〕請參見梅因著，沈景一譯：《古代法》，商務印書館，1996 年版，第 14 頁。
〔註27〕李祖蔭：《〈古代法〉小引》，見梅因著，沈景一譯：《古代法》，商務印書館，1996 年版，小引。
〔註28〕請參見法學教材編輯部《中國法制史》編寫組：《中國法制史》，群眾出版社，1982 年版，第 4 頁；和司法部法學教材編輯部編審：《中國法制史》，中國政法大學出版社，1998 年版，第 9 頁。

的結構形式，就是通常所說『民刑不分』，『諸法合體』」。〔註29〕張晉藩先生在 80 年代後期對上述觀點進行了修正，提出了第二種觀點，他把「民刑不分，諸法合體與民刑有分，諸法並用」概括爲中華法系的重要特徵之一，並對這一認識進行了論證：「民刑不分，諸法合體就主要法典的編纂形式而言，是一個特點，也有它的客觀根據」；「但就封建法律體系而言，卻是由刑法、民法、訴訟法、行政法、經濟法等各種法律部門所構成的，是諸法並用，民刑有分的。」〔註30〕第三種觀點則以楊一凡爲代表，他認爲「諸法合體，民刑不分」既不是中華法系的特徵，也不是中國律典的特徵。〔註31〕而在本文中，我的不成熟的觀點是，中國傳統法律的一大特徵是諸法合體、刑民有分、重刑輕民。

中國傳統法律的諸法合體的特徵是基本上沒有異議的，中國傳統的歷朝法典都是以刑法爲重心的諸法合體的體系。在形式意義上，中國古代法律表現爲諸法合體的法律分化程度較低的法律結構，對此，陳顧遠先生早就指出：「以最狹義的表現量言之，亦非入今日之刑法，獨爲領域。試取勢力最大之唐律爲例：衛禁，職制，廄庫，擅興，則偏於行政法規也，戶婚則偏於民事法規也；捕亡，斷獄則偏於訴訟法規，監獄法規，及司法官懲戒法規也；賊盜，鬥訟，詐偽雜律偏於刑法者也。倘再詳細分析，則河防之事爲行政，而入於雜律；錢債之事爲民事，亦入於雜律；市廛之事爲商事，同入於雜律；受贓之事非行政法規，乃入於職制，訴訟之事非實質刑法，乃並於鬥訟；而其他各律又各有關於刑法者在焉。於是名例一律自不能認爲即是關於刑法之總則，實不啻關於一般法律之適用法也。既入是矣，則歷代所謂律者，似不失爲一成文法典，舉一切而盡有之矣。無如律僅限於以刑爲歸者，無刑則亦非律矣。」〔註32〕

那麼，關鍵的是，中國傳統的法律是否「民刑不分」呢？其實早在半個世紀以前，陳顧遠在《我國過去無「民法法典」之內在原因》一文中，就對「民刑不分」說進行了有力的反駁。他指出：我國數千年間，有刑法法典而無民法

〔註29〕張晉藩、張希坡、曾憲義編著：《中國法制史》（第一卷），中國人民大學出版社，1981 年版，緒論第 4 頁。

〔註30〕張晉藩：《再論中華法系的若干問題》，見張晉藩主編：《法史鑒略》，群眾出版社，1988 年版，第 45～62 頁。

〔註31〕請參見楊一凡：《中華法系研究的一個重大誤區——「諸法合體、民刑不分」說質疑》，載於《中國社會科學》，2002 年第 6 期。

〔註32〕陳顧遠著：《中國法制史》，中國書店，1989 年版，第 95 頁。

法典，「論其原因，由於絕對無民事法概念而致此乎？抑由於學者所稱『民刑不分』而始然乎？此皆皮相觀察，非屬探本之言。」在該文中，他先從程序法的角度對「民刑不分」說進行了反駁：所謂程序法上之民刑不分，即否認訟獄有其劃分之論。謂小曰「訟」，婚姻田土之事屬之；大曰「獄」，賊盜請賕之事屬之，非因爭財爭罪而別，乃由罪名大小而殊。但無論如何，兩事在歷代每有管轄或審級不同，各有訴訟上之相異。例如漢代，刑事審則由鄉而縣令而郡守而廷尉，乃四級審也。民事審則由鄉而縣令而郡守（或國相）而州刺史，雖亦爲四級，其最後審則爲州刺史，非廷尉也。又如唐代，刑事審，例由發生之縣推斷之，再上而州而刑部、大理寺也；民事審，例由里正等審訊之，不服者申詳於縣令，再不服者申詳於州刺史，不及於刑部、大理寺也。且里正等以仲裁調解爲主，而人民不敢告官，實際上僅興訟於縣而止。雖曰婚姻田土之事，如經有司審理，依然在刑事範圍之內，得爲刑訊而判罪焉。惟管轄既不盡同，審級又非一致，縱非如今日民訴刑訴之截然劃分，亦不能謂無或然之區別。其在程序法上不能有民訴、刑訴之並立者，當然由於實體法上無民事、刑事劃分之觀念所致。此觀念之所以無之者，與程序法上民刑不分無關，乃另有其內在原因，遂不能進而有民法法典或民事實體法之產生也。該文還從實體法的角度，反駁了「民刑不分」說：所謂實體法上之民刑不分，則非事實問題，乃學者之錯覺問題。……若謂由於實體法之民刑不分，尤以清末變法刪改清律例爲現行刑律而爲民事實體法之準據，北政府大理院更奉現行律爲斷民事案件之準繩爲據，認其爲無民法法典或民事實體法之原因是在。實亦不然。今日刑法法典中同有牽涉民事者在，例如由重婚罪而知偶婚制之承認也，由遺棄罪而知扶養制之存在也，由侵佔罪、竊盜罪、毀損罪而知物權保護之重要性也，由詐欺背信罪、妨害農工商罪而知債的關係之必然性也。苟捨民法法典於不論，何嘗非「民刑不分」？所以不然者，因另有民法法典與之並存，遂不能以刑事法典中牽涉民事關係在內，即認爲民事實體法合併於刑法法典內也。我國過去固無民法法典或民事實體法，仍有另一形態之禮，其中一部分實相當於民事實體法者在，即不能因「律」或「刑統」、「條格」之內容牽涉民事實體法，竟謂我國過去「民刑不分」。〔註33〕斷言古代中國法制中缺乏民法，是毫無根據的。

〔註33〕請參見陳顧遠著：《陳顧遠法律文集》，聯經出版公司，1982 年版，第 425～426 頁。

當然，中國的傳統法律雖然並非像梅因所言「只有刑法，而無民法」，但重刑輕民的確是歷史的事實，是中華法系的基本特徵之一。「重刑輕民」主要體現在：一是從制定的法律的內容看，從李悝的《法經》到《大清律例》，歷代成文法規均以刑法為主。二是建立以執掌刑法為主要職責的司法機關。譬如西周，從中央到地方都設置了各級司法官吏，以執掌刑法、審理刑案。三是完善處理刑事案件的訴訟制度。中國古代統治者，在不斷總結司法實踐經驗的基礎上，不斷完善刑事案件的訴訟制度，譬如告訴制度、審級制度、證據制度、刑訊制度、會審制度、覆核制度、錄囚制度等，以使刑事訴訟規範化和制度化。四是民事法律規範不獨立不完善。這主要表現在中國古代的民事法律規範，一般都散件於形式規範中，很不健全和完整，特別是民事行為禮和刑法所限制，民事立法的內容極其有限。

古代中國何以出現重刑輕民這一法律現象呢？其原因是相當複雜的，也有不少學者對此展開了討論。〔註34〕我以為，公丕祥教授的分析尤為睿智的，他認為制約中國古代民事關係和民法規範成長的因素主要有以下三點：首先，從經濟條件上看，自然經濟的主導地位，商品經濟的發展緩慢，嚴重地阻礙了民法的成長；其次，從社會結構上看，宗法社會家族體系的強大影響，明顯弱化了民法賴以存在與發展的現實基礎；再次，從意識形態上看，儒家「重義輕利」的價值取向，也阻礙了民法的發展與發達，權利和權益觀念的貧乏或收到抑制，必然妨礙民法在中國社會的發展。〔註35〕

（二）沈家本對中國傳統法律的批判與吸收

如前所述，中國的晚清社會，政治、經濟、文化等領域都發生了重大的變革，開始呈現出一種多元化的圖景。而中西文化的激烈衝突、新的政治和經濟利益集團的出現、政法與政黨的對立、中央和地方實力的矛盾，使得晚清的統治危機重重，這使得晚清政府進行政治改革以解決這些衝突，以挽救政府統治的危機。從法律發展的角度看，晚清社會的多元化進程，使得晚清社會出現了新的利益主體、法律關係、法律行為和法律觀念，而晚清法律的發展進程卻停滯不前，無力協調新出現的各種法律關係，這必然使得中國傳

〔註34〕請參見公丕祥著：《中國的法制現代化》，中國政法大學出版社，2004 年版，第 120 頁。
〔註35〕請參見公丕祥著：《中國的法制現代化》，中國政法大學出版社，2004 年版，第 120～125 頁。

統法律在晚清遭遇了深刻的危機，這也使得法律改革必然成爲晚清政治改革最基本的內容。

沈家本一生孜孜於治律，對於中國傳統法律文化之研究之精神，可謂無人出其右。而作爲一個傳統的知識分子，沈家本也未能擺脫傳統士人「尚古」的情結，正是基於其深厚的舊律根基，才使得他得心應手、大刀闊斧地刪改舊律，也正是基於對中國傳統法律的推崇，他不可能全盤否定傳統，而是對傳統進行了理性的批判和吸收。事實上，沈家本是最早提出中國法律在世界上自成法系的代表人物之一，在他看來，早在中國上古之時，法學就已經成爲專門學問，舜有皋陶，周有蘇公，二者即是當時傑出的法學家。三代之後，法學發展至戰國時期達到初盛，以下歷秦漢而唐宋，儘管有商鞅、李斯行暴法，以及秦代「以吏爲師」，對法學造成一定程度的損害，但總歸是一脈相承，生生不息，直至形成唐時的鼎盛局面。沈家本認爲中國古代的法律和法律之學，歷數千年的發展，自有其頑強的生命力：「夫吾國舊學自成法系，精微之處，仁至義盡，新學要旨，已在包涵之內，烏可弁髦等視，不復研求？」〔註36〕他反對唯西方馬首是瞻，而將中國傳統法律視爲故紙堆徹底拋棄，主張對中國傳統法律文化應該持批判吸收的態度，沈家本尤爲推崇中國傳統法律文化中的仁德思想和民本主義。

中國的傳統法律是儒家從「禮」、「義」、「仁」、「德」出發主張「省刑罰」、「以德去刑」，經過長期的發展演變改造而成的。仁德思想是中國傳統法律思想的主要核心，其基本內容就是德主刑輔，就是要求統治者治理國家必須以禮儀教化爲主，以刑事懲罰爲輔。孔子納「仁」入「禮」，秦漢之後，歷代思想家和統治者又納「禮」入「律」，使得「仁德」成爲了法律這種外在規範的內在底蘊。沈家本從小接受儒家思想的薰陶，使得他對歷代法制的裁定，莫不以「仁」爲標準。在沈家本看來，法之善惡，人之仁暴，皆以仁爲衡，符合仁者，爲善法、良法，人爲賢君；違背仁者，法爲惡法、壞法，人爲暴君。沈家本認爲，中國法律，自唐虞時代起，便「以欽恤爲風，以明允爲用」，形成了仁德的傳統。在《歷代刑法考》中，沈家本如是評論唐代法制：「史稱自高祖、太宗除隋唐亂，治以寬平，民樂其安，重於犯法，致治之美，幾乎三代之盛時。考其推心惻物，其可謂仁矣，斯言非溢美也。後代治律之士，莫

〔註36〕沈家本：《法學名著序》，見李光燦著：《評寄簃文存·並載：〈寄簃文存〉卷六》，群眾出版社，1985 年版，第 382 頁。

不以唐爲法，世輕世重，皆不能越其範圍，然則今之議刑者，其亦可定厥宗旨乎？」〔註37〕又論及明朝法制時則云：「綜論有明一代刑政，太祖用重典以懲一時，而酌中制以垂後世，猛烈之治，寬仁之詔，相輔而行，未嘗偏廢也。惠帝專欲以仁義化民……其後仁宗、宣宗、孝宗，政治清明，刑法最稱平恕。穆宗憂恤死亡，世亦稱之。用刑之慘烈，莫甚於成祖。其後英宗時，王振亂政，刑章大紊，然帝心頗寬平。霜降審錄重囚，實自天順始。情可矜疑者，得沾法外之恩，實仁政也。」〔註38〕沈家本反覆強調，「法之善者，仍在有用法之人，苟非其人，徒法而已」；「用法著得其人，法即嚴屬亦能施其仁於法之中；用法著失其人，法即寬平亦能逞其暴於法之外」；「爲仁爲暴，朕兆甚微，若空言立法，則方策具在，徒虛器耳。」〔註39〕

　　「民本」是中國傳統法律文化中的一個重要的概念，這種概念發端於殷周，經過儒家的弘揚，成爲中國古代統治階級官方的意識形態，也是歷代帝王標榜的「仁政」的一個重要標尺。民本思想是古代政治理論的基礎，法律則是用來維護這個基礎的外在工具，因此中國歷代在立法中無不打上了「民本」的烙印，可以說，民本理論始終貫穿在歷代統治者的立法思想當中，民本的政治理論已成爲古代立法實踐當中具有普遍指導性的原則。沈家本繼承了中國傳統法律的「民本」和「重民」的思想，認爲「爲政之道，自在立法以典民」；〔註40〕「蓋立法以典民，必視乎民以爲法，而後可以保民……因民以爲治，無古今中外一也」。〔註41〕沈家本從法律是治國之具這一思想出發，在修訂法律的過程中，能在一定程度上考慮勞動人民的利益，保護勞動人民的利益，不至於使其流離失所走投無路而揭竿造反，因此沈家本特別注重立法要有利民生，要有利於保護百姓的財產安全。所謂「律者，民命之所繫也，其用甚重而其義至精也。極限於天理民彝，稱量於人情世故，非窮理無以察情僞之端，非清心無以袪意見之

〔註37〕沈家本：《歷代刑法考・刑制總考四》，見《沈寄簃先生遺書》，中華書店，1990年版，第24頁。

〔註38〕沈家本：《歷代刑法考・刑制總考四》，見《沈寄簃先生遺書》，中華書店，1990年版，第30頁。

〔註39〕沈家本：《歷代刑法考・刑制總考四》，見《沈寄簃先生遺書》，中華書店，1990年版，第23頁。

〔註40〕沈家本：《旗人遣軍流徒各罪照民人實行發配摺》，見李光燦著：《評寄簃文存・並載：〈寄簃文存〉卷一》，群眾出版社，1985年版，第197頁。

〔註41〕沈家本：《裁判訪問錄序》，見李光燦著：《評寄簃文存・並載：〈寄簃文存〉卷六》，群眾出版社，1985年版，第379頁。

妄。使手操三尺，不知深切究明，而但取辦於臨時之檢按，一案之誤，動累數人，一例之差，貽害數世，豈不大可懼哉」。〔註42〕在適用法律上，反對因身份的差異而「急於黎庶緩於權貴」。〔註43〕

　　難能可貴的是，沈家本並沒有囿於傳統的仁德、民本的思想，而是抱持開放的心態，在一定程度上接受了西方資產階級的人權主義思想和權利觀念。譬如在買賣人口的問題上，沈家本旗幟鮮明的表達了西方資產階級的人權思想：「本大臣奉命纂修新律，參酌中外，擇善而從。現在歐美各國，均無買賣人口之事，係用尊重人格主義，其法實可採取。」〔註44〕沈家本自然明白，中國人口買賣屢禁不絕經濟落後是一個重要的因素，特別是遇到荒年，人們無以糊口，不得不鬻兒賣女以圖生存。加上有法不依，達官貴族更是帶頭違法買賣奴婢：「始僅八旗、官紳之家，收養驅使；久之而庶民多效尤，凡有資財皆得廣置婢女」；還有人口販子，更是助紂為虐，公然販賣人口從中漁利：「以臻凌虐折磨，弊端百出」。但是沈家本更加認識到，造成這種侵犯人權的惡習的根本原因是中國法律制度的不完善，甚至律例矛盾、法令參差：「且律文雖有買賣奴婢之禁，而條例復准立契價買」，特別是對買賣人口和凌虐奴婢之行為，處罰過輕，特別是對有權有勢之人處罰過輕：「且官員打死奴婢，僅予罰俸；旗人故殺奴婢，僅予枷號」，不足以警示後人。因之，沈家本疾呼：「較之宰殺牛馬，擬罪反輕，亦殊非重視人命之義」，〔註45〕憤然喊出：「不知奴亦人也，豈容任意殘害？生命固應重，人格尤宜尊，正未可因仍故習，等人類於畜產也」，〔註46〕也喊出了西方人權主義的基本意蘊：將人當人看，這正是沈家本的進步之處。沈家本用儒家的仁德和民本思想批判歷代法制，其目的是通過這種批判，為刪減舊律、修訂新律樹立「仁」的標準。從傳統思想中尋找法律改革的資源，也大大降低了法律改革的遭遇的障礙。

〔註42〕沈家本：《重刻唐律疏議序》，見李光燦著：《評寄簃文存‧並載：〈寄簃文存〉卷六》，群眾出版社，1985年版，第352頁。

〔註43〕沈家本：《歷代刑法考‧刑制總考三》，見《沈寄簃先生遺書》，中華書店，1990年版，第14頁。

〔註44〕沈家本：《禁革買賣人口變通舊例議》，見李光燦著：《評寄簃文存‧並載：〈寄簃文存〉卷一》，群眾出版社，1985年版，第203～204頁。

〔註45〕請參見沈家本：《禁革買賣人口變通舊例議》，見李光燦著：《評寄簃文存‧並載：〈寄簃文存〉卷一》，群眾出版社，1985年版，第203頁。

〔註46〕沈家本：《刪除奴婢律例議》，見李光燦著：《評寄簃文存‧並載：〈寄簃文存〉卷一》，群眾出版社，1985年版，第209～210頁。

當然，沈家本雖然強調修訂法律必須立基於傳統，但他並非迷信傳統，相反，他對中國傳統法律之不適於新的時局，有其深刻的認識。沈家本在強調繼承傳統的同時，能夠突破傳統法律的桎梏，將目光轉向遙遠的西方：「方今中國，屢經變故，百事艱難，有志之士，當討究治道之原，旁考各國制度，觀其會通，庶幾採擷精華，稍有補於當世」。〔註47〕

二、沈家本對西方法律文化的汲取

（一）清末修律前西方法律文化在中國的傳播與影響

著名的歷史學家柳詒徵曾這樣描述近代中國傳統的法律文化遭遇舶來的西方法律文化時激烈的碰撞以及引起的劇變：「清末迄今，變遷之大，無過於法制。綜其大本，則由德治而趨法治，由官治而趨民治，漩澓激蕩，日在蛻變之中。而世界潮流，亦以此十數年中變動最爲劇。吾民竭蹶以趨，既棄吾之舊法以從歐美之舊法，又欲棄歐美之舊法而從彼之新法。思想之劇變，正日進而未有艾」。〔註48〕的確，西方法律文化的傳入和對中國晚清社會的衝擊和影響，可以說是19世紀末20世紀初中國法律發展的一大特點，在這一過程中，中國傳統的法律文化遭遇了空前的挑戰。晚清修律前西方法律文化在中國的傳播過程，大致可以分爲三個階段：

第一階段是19世紀40年代初到50年代末。早在鴉片戰爭爆發前，以林則徐、龔自珍、魏源爲代表的地主階級改革派深感內憂外患的嚴重威脅，就已經關注如何應對西方列強及其文化的侵略的新問題。林則徐是近代開眼看世界的第一人，他在廣東任上就開始組織人員「刺控西事，翻譯西書」，主持編撰《四洲志》、《華事夷言》，他還請來馬來西亞華僑袁德輝和美國醫生派克選譯了瑞士人瓦特爾著的《各國律例》，這時中國歷史上第一次引進國家法，並運用於外交上的創舉。魏源則是中國近代史上第一個擺脫所謂天朝統治者狂妄自大、閉關自守思想而提出向西方學習、向西方尋找眞理的士大夫。他開始接觸外國的資產階級法律知識，開始意識到資產階級民主制比封建君主制優越，在其《海國圖志》一書中首次提出了「師夷長技以制夷」的口號，《海國圖志》主要是一部關於世界歷史和地理的叢書，但其中也介紹了西方資本

〔註47〕沈家本：《政法類典序》，見李光燦著：《評寄簃文存‧並載：〈寄簃文存〉卷六》，群眾出版社，1985年版，第383頁。
〔註48〕柳詒徵著：《中國文化史》（下），上海古籍出版社，2001年版，第924頁。

主義國家主要是英國和美國的政治和法律制度。另外，在徐繼畬、梁廷楠、洪仁玕等人的著作中，也可以看到他們對西方資本主義國家的立法、司法情況的介紹。特別是洪仁玕，在中國近代思想史上第一個明確提出學習西方的政治法律思想，在其名篇《資政新篇》中，主張革故鼎新，以促進國家政體民主化。洪仁玕吸取中國歷史上以法治國的思想和西方資本主義國家的法制經驗，提出了「國家以法制爲先」的主張，並以此爲指導思想，提出了一整套發展資本主義的立法方案，特別是吸收了西方資本主義國家的一些刑法思想，提出了改革刑律、嚴明賞罰的主張，意義深遠。但是，我們必須注意到，他們這一批人的思想和行爲，還僅限於個人行爲，影響有限。〔註49〕

第二階段是 19 世紀 60 年代初到 90 年代中期。這一使其西方法律文化的傳入主要以傳教士爲主，另外中國的精英知識分子特別是邁出過國門的知識分子爲西方法律文化在中國的傳播做出了貢獻。這裡值得一提的是美國傳教士丁韙良 1860 年在上海督理美華書局時，譯出了惠頓的《萬國公法》，這是中國第一部西方法律譯著。丁氏隨後又翻譯了《公法會通》、《公法便覽》、《公法千章》《中國古世公法》等法律、法學著作。與此同時，供職於江南製造局的英國傳教士傅蘭雅，也翻譯了五種西方法學著作：《公法總論》、《各國交涉合法》、《各國交涉便法》、《比國考察罪犯紀略》、《西方洗冤錄》等。另外由英美在華傳教士辦的廣學會也承擔了一部分譯書任務，開始翻譯部分國際公法以及司法審判、軍律等方面的著作。這一使其翻譯的西方法學著述以國際法爲主，這說明當時西方人輸入其法律的目的無非是爲了當時與中國的國際交往之需，洋務運動蓬勃開展起來以後，頻繁、複雜的涉外經濟、文化等活動亟需國際法規則來調整。此外，這一時期一些國內知識界精英特別是出國人員對西方法律文化的傳播所起的作用也不可忽視，如馮桂芬、王韜、郭嵩燾等。譬如王韜，長期與傳教士來往，又曾遊歷過英、法等國，接觸過西方社會，對西方的政治法律制度有較深的瞭解，積極從事介紹和傳播西方法律文化，並提出內主變法、外爭法權的主張。在他們的函稿、著述中，對西方資本主義國家的政治和法律制度均有詳細、客觀的介紹，爲西方法律的傳播開闢了另一路徑。

第三階段 19 世紀 90 年代中期到晚清修律前夕。1895 年《馬關條約》的

〔註49〕譬如魏源的《海國圖志》，其在中國的讀者還遠不如日本多。請參見閻小波：《中國早期現代化中的傳播媒介》，上海三聯書店，1995 年版，第 4～5 頁。

簽訂，標誌著洋務運動的徹底破產，中國的危機日趨嚴峻，中國的資產階級就在這種形勢下登上了政治舞臺，成了傳播西方法律文化的主體。這一時期，先進的中國人開始反思洋務運動以來追求「富強」的改革路徑，大膽的提出了借鑒、仿傚西方政治與法律制度、改良清朝統治下的中國的主張。翻譯西方法律著述不再是瞭解西方，而是爲中國的變法埋下伏筆，這一點梁啓超的思想很有代表性。他在《變法通議》一書中疾呼「以譯書爲變法第一要義」，他還撰寫了《法理學大家孟德斯鳩之學說》，介紹了孟氏的政體論，並以孟氏所稱頌的英國的立憲政體爲典範，提出在中國實行立憲政體的方案。梁啓超是「筆端之間時常帶有感情」的資產階級改良派最爲優秀的充滿激情和善於鼓動家的宣傳家，通過其論著，傳播西方法律文化，宣揚維新變法理論，具有振聾發聵的效果，對於中國法律的近代化，無疑也具有相當的啓蒙作用。另一位改良派人物嚴復則先後翻譯了西方資產階級經濟學、法學及社會學的名著，如赫胥黎的《天演論》、亞當・斯密的《原富》、斯賓塞的《群學肄言》、甄克思的《社會通詮》、孟德斯鳩的《法意》等等。被稱爲中國知識界眞正讀懂西方文化的唯一的嚴復，他的這些譯作可謂部部對症下藥，在中國歷史上第一次系統的引進了西方古典自由主義經濟學、自由主義哲學、法學、和社會學等新知，影響深遠。戊戌前後，大批譯書局相繼成立，譬如1862 年官方設立同文館，揭開了中國官方有組織的引進與翻譯西方法律著作的序幕；1865 年設立的江南製造局的翻譯館則是 19 世紀譯著最爲豐富影響最大的出版機構；民間的則有上海商務印書館、文明書局、廣智書局等，也刊行了不少西方法律、法學著作，爲晚清的法律改革積累的豐富的思想資源，奠定了基礎。〔註50〕

　　這裡必須指出的是，甲午戰爭之後，時人紛紛將學習西方政治法律制度的途徑假道於日本：「甲午戰敗，朝野震驚，日本形象，陡高百倍。前天的徒弟，昨天的敵人，今天的榜樣。中國朝野的日本觀，急劇的變化著。戊戌政變以後，特別是庚子事變以後，要學習西方，先學日本，幾成國人共識。」〔註51〕這首先表現清政府自 1896 年始，即開始選派留學生赴日留學，並逐年增

〔註50〕可參見田濤、李祝環：《清末翻譯外國法學書籍評述》，載於《中外法學》，2000 年第三期。

〔註51〕熊月之著：《西學東漸與晚清社會》，上海人民出版社，1994 年版，第 638頁。

多，受國內政治氣氛的影響，留學生多屬意於法政類專業學習，這批學生回國後，也帶回了日本的政治法律制度和觀念。其次，在翻譯界翻譯日文書籍蔚成風氣，張之洞就曾論及迻譯東書（日文書）的重要性：「大率商賈市井，英文之用多；公牘、條約，法文之用多。至各種西學書之要者，日本皆以譯之，我取徑於東洋，力生效速，則東文之用多。……學西文者，效遲而用博，爲少年未仕者計也。譯西書省，功近而效速，爲中年已仕者也。若學東洋文，譯東洋書，則速而又速者也。是故從譯師不如通陽文，譯西書不如譯東書。」〔註52〕這一時期翻譯的日文政法類書籍，可謂不勝枚舉，通過日文轉譯的西文法學著作，也是層出不窮，對於促進西方法律文化在中國的傳播起到了舉足輕重的作用。〔註53〕更爲重要的是，近代日本的政治和制度及其立法經驗也成爲近代中國進行政治和法律改革的學習榜樣和參照對象，譬如戊戌維新變法運動即是國人仿行日本政治和法律制度而進行的一次政治改革的嘗試，日本確立的君主立憲制度被康、梁作爲變法的方向。康有爲如是闡述仿行日本政制的理由：「若夫美、法民政，英、德憲法，地遠肅殊，變久絕跡，臣故請皇上以俄大彼得之心爲心法，以日本明治之政爲政法也。然求其時地不遠，教告略同，成效已而立可鋪設，則莫如取鑒於日本之維新也」。〔註54〕維新運動雖然百日即告失敗，但日本對近代中國政治和法律發展進程的影響卻一直在持續增長，沈家本主持的晚清修律亦如是。

那麼，在近代中國傳統法律文化和西方法律文化的衝突中，西方法律文化究竟如何衝擊和影響了中國的傳統及其社會呢？我想，或許可以從以下幾個方面理解——

一是促進了朝貢制度和華夷觀念的崩潰。美國最爲著名的中國問題研究專家費正清教授認爲，西方法律文化對近代中國的作爲明顯的影響是朝貢制度向條約制度的轉變。朝貢制度是把儒家學說，即中國統治者具有倫理根據來行使他的政治權力學說應用到外交事務上，它象徵著作爲天朝上國的仁慈的皇帝接納「夷狄」來沐浴天朝的教化和恩典。而隨著 19 世紀中葉清政府在

〔註52〕 張之洞：《勸學篇・外篇・廣譯第五》，世紀出版集團、上海書店出版社，2002 年版，第 46 頁。

〔註53〕 詳請參見熊月之著：《西學東漸與晚清社會》，上海人民出版社，1994 年版，第 641～674 頁。

〔註54〕 康有爲：《上清帝第六書》，見中國史學會主編：《戊戌變法資料叢書》（第二冊），上海人民出版社，1957 年版，第 198～199 頁。

屢次戰爭中的失敗,逐漸形成了不平等條約制度,中國在世界上的地位發生了急劇的逆轉。從朝貢制度到條約制度的轉變,就是西方文化衝擊中國傳統文化的一個縮影。〔註 55〕條約制度在近代中國逐步確立,不僅在中國確立了新的法律結構,也促使了以中國爲中心的華夷觀念的崩潰,我們或許可以把華夷觀念的崩潰看作是中國拋棄舊的世界觀,樹立新的世界觀並走向現代化的起點。〔註 56〕

　　二是使中華法系的開始走向解體。綿延數千年的中華法系開始走向解體,有其複雜的各種原因,大致可以歸結爲內部和外部的原因。中國社會政治和經濟結構的變遷,新的法律關係的出現,中國傳統的法律無力應對這種變遷,是其內部原因。對此張耀明教授在《略論中華法系的解體》一文中指出:「鴉片戰爭後,中國封閉式的自然經濟結構在以武力爲後盾的西方殖民地貿易和經濟侵略的衝擊下迅速分解,繼續適用舊律出現了許多弊端和困難,新的情況需要新的法律來調整新的社會關係,這就宣判了舊的立法宗旨和立法形式的死刑」。〔註 57〕而導致中華法系解體的外部原因,是資本主義的侵略以及由此而來的西方法律文化的輸入和傳播。從世界範圍內看,資本主義的殖民侵略,打破了納入其勢力範圍內的殖民地、半殖民地國家法律制度的原狀,各殖民地國家的法律中斷了自己的發展之路,改爲繼受宗主國所屬的法系。近代西方法律文化在中國的廣泛傳播,打斷了中國法律文明成長與發展的自然進程,加速了中華法系的解體過程,另一方面也促進了中國法律的現代化。

　　三是打破了統治者對法律的壟斷,促進了法律觀念的轉變。數千年來,舉凡法家之言非,名吏秋曹者無人問津,名公巨卿,方且以爲無足輕重之書,屏棄勿錄,甚至有目爲不祥之物,遠而避之。直至近代海禁大開,西方法律文化輸入中國之後,才改變了傳統觀念,社會輿論均以法政爲立國之本,使法律觀念深入人心,使法律知識得以普及。西方法律文化的輸入與傳播,還使得法學成爲一個獨立的學科,學術界開始以科學的方法研究之。西方的法律文化深刻的影響著中國法律的發展格局,西方法律的專門化使得傳統的諸

〔註55〕 請參見費正清著,張理京譯:《美國與中國》,世界知識出版社,1999 年版,第 147 頁。
〔註56〕 請參見寶成關、田毅鵬:《從「甲午」到「庚子」──論晚清華夷觀念的崩潰》,載於《吉林大學社會科學學報》,2002 年第 1 期。
〔註57〕 張耀明:《略論中華法系的解體》,載於《中南政法學院學報》,1991 年第 3 期。

法合體的法律體系被諸法分立的法律體系所代替，最終促進了近代中國法律體系的現代化。

（二）沈家本對西方法律文化的汲取

西方法律文化在近代中國的廣泛傳播，導致了中西法律文化的劇烈衝突，在強勢的西方法律文化目前，中國傳統的法律文化可謂開始土崩瓦解。如何看待中國傳統法律所面臨的危機和遭遇的挑戰？如何應對西方法律文化的侵蝕？這是擺在國人面前最為嚴峻的問題。沈家本，作為晚清法律改革的修律大臣，面對西方法律文化的強大挑戰，力主要學習西法，積極從西法中汲取資源，並力圖尋求中國傳統法律文化與西方法律文化的結合。

近代西方的法律是一個以憲法為基礎、民法為核心的宏大的體系。作為一個在中國歷來重刑輕民的法律傳統中成長起來的士大夫，作為一個刑部大員，作為一個「以律鳴於時」的刑法專家，沈家本對於西法的認識，也是從刑法開始的。以中國法律與西方各國相比較相考證，沈家本最直接的感觸就是法律「中重而西輕者為多，蓋西國從前刑法較中國尤為殘酷，近百數十年，經律學家幾經討論，逐漸改而從輕，政治日臻美善。故中國之重法，西人每訾為不仁」，況且「治國之道，以仁政為先。自來議刑法者，亦莫不謂『裁之以義而推之以仁』」，故「刑法當改重為輕，固今日仁政之要務，而即修訂之宗旨也」。〔註58〕沈家本特別詬病中國傳統律例中三種刑罰：一是凌遲、梟首、戮屍；二是緣坐；三是刺字。沈家本認為以上三事，皆中法之重者。參諸前人之議說，既多議其殘苛；而考諸今日環球各國，又皆廢而不用。且外人訾議中法之不仁者，亦惟此數端為最甚。所以參酌各國修訂法律，大率於新法尚未公佈，先設單行法，或淘汰舊法之太甚者，以布告國中，以新耳目。譬如日本明治維新，亦以改律為基礎。新律未頒，即將梟首、墨刑等刑先後廢止，卒至民風丕變，國勢蒸蒸日上，今日已經成為亞東之強國。而中日兩國，政教同，文字同，風俗習尚同，借鑒而觀，正可無庸疑慮也。〔註59〕沈家本正是以一個改革者的眼光，正視西方法律文化特別是日本法律改革給他帶來的思想上的衝擊和震撼，深刻瞭解和體認西方刑法中刑罰人道主義、罪刑法

〔註58〕沈家本：《刪除律例內重法摺》，見李光燦著：《評寄簃文存·並載：〈寄簃文存〉卷一》，群眾出版社，1985 年版，第 189～190 頁。

〔註59〕沈家本：《刪除律例內重法摺》，見李光燦著：《評寄簃文存·並載：〈寄簃文存〉卷一》，群眾出版社，1985 年版，第 192～193 頁。

定等刑法原則，並結合中國傳統仁政思想和具體國情加以吸收和改造，完成了其法律思想上的巨大轉折。

所謂刑法人道主義，簡單的說，就是承認人的主體地位，承認罪犯也是人，將罪犯當作倫理主體而不是物理主體來看待，是人的價值在法律上的體現，是資產階級人權思想在法律領域的體現。而中國的古代社會，個人依附於家族，受宗法制度的控制，個人只有放在家族的序列中才有其意義，而國家不外乎是家庭的延伸。對此，嚴復曾經指出：「中國自秦漢以來，無所謂天下也，無所謂國家也，皆家而已。一姓之興則億兆爲之臣妾，其興也，此一家之興也，其亡也，此一家之亡也。天子之一身兼憲法、國家、王者三大物，其家亡則一切與之俱亡。」〔註60〕故不存在近代意義上的民族國家，何談對國家權力的限制，對公民權利的保障，中國封建專制主義法律文化的最大特徵，就是對人的個性的壓制，對人權的忽視。沈家本從儒家仁德思想和民本主義出發，強力批判中國傳統法律中刑罰制度的慘酷：「以法制而言，杖輕於斬絞，以人身之痛苦言，杖不能速死，反不如斬絞之痛苦爲時短暫。且杖則血肉淋漓，其形狀亦甚慘。以斬與絞相較，則斬殊身首又不如絞之身首尚全，故進來東西各國有單用絞刑者，亦仁術之一端也。」〔註61〕如此，沈家本強烈要求仿行西方國家，廢除刑訊制度：「泰西各國無論備法是否具備，無論刑事民事大小各案，均不用刑訊，此次修訂法律原爲收回治外法權起見，故齊一法制，取彼之長補我之短，實爲開辦第一要義。惟中外法制之最不相同者，莫如刑訊一端。」〔註62〕在以後的修律過程中，沈家本始終貫徹尊重人權、關注平等的原則，在《修正刑律草案》中，沈家本如是寫到：「立憲之國，專以保護臣民權利爲主。現行律中，以階級之間，入品官制度使良賤奴僕區別最深，殊不知富貴貧賤，品類不能強使之齊，第同隸妍媸，權由天畀，於法律實不應有厚薄之殊」，〔註63〕其所力倡的「權由天畀」，「於法律實不應有厚

〔註60〕嚴復：《法意》卷五按語，見《社會劇變與規範重建——嚴復文選》，上海遠東出版社，1996年版，第316頁。

〔註61〕沈家本：《歷代刑法考·刑制總考四》，見《沈寄簃先生遺書》，中華書店，1990年版，第24頁。

〔註62〕請參見張國華、李貴連編著：《沈家本年譜初稿》，北京大學出版社，1989年版，第158頁。

〔註63〕沈家本：《修正刑律草案》，見北京政學社編：《大清法規大全·法律部》（卷十二）。

薄之殊」，正是汲取了西方「天賦人權」和「法律面前人人平等」的權利觀的成果。

罪刑法定作爲西方刑法的一項基本原則，代表著對罪刑擅斷的徹底摒棄。對此，費爾巴哈用格言形式的拉丁文明確表達爲：Nullun Crimen, Nulla Poena sine lege。譯爲漢語則爲：法無明文規定不爲罪，法無明文規定不處罰。罪刑法定的基本含義就是不依照法律的規定，不得對任何人定罪和處罰。〔註 64〕關於中國傳統的法律中是否存在罪刑法定原則，卻聚訟紛紜，見諸各種有關論述，卻無法釐清罪刑法定在中國刑法史中的發展脈胳，有的學者主張罪刑法定在中國刑法史中由來已久，有的學者卻持另一端觀點，斷然否認中國古代刑法中罪刑法定主義或稱原則存在。徐岱教授認爲，罪刑法定主義在中國傳統法律中是源遠流長的，但罪刑法定主義並不等於罪刑法定原則，兩者是於區別的。因爲主義和原則是兩個有質的區別的概念。從範疇學的角度分析，主義，一般是指對客觀世界、社會活動、民眾的生活和信仰以及學術問題等所特有的、系統化的理論和主張，含有原理的意味；原則，則是指人們說話、行事所依據的法則或一定的標準，主義之內涵較之於具體化了的原則要深遠許多。罪刑法定，作爲法哲學特別是作爲刑法理論上的一種系統的思想、主張、原理，如被國家立法機關在法律上明確加以確認、規定，即上升爲法律上的一條原則即罪刑法定原則；但如果單從理論學說的角度，探索研究其形成、發展、演變的歷史及其文化、思想背景和主要觀點及其意義時，則應稱爲罪刑法定主義。〔註 65〕事實上，中國古代的法律制度中沒有罪刑法定原則存在的空間，比附援引制度的存在即是對罪刑法定原則的否定。

比附援引又稱比況、比例、比類等，在中國傳統法律中可謂源遠流長。比附援引制度生成的原因或許在於「人情萬變非科條數百所能賅載者」的傳統認識，但更爲重要的原因在於比附援引的實質乃在於它是維護封建罪刑擅斷之權的有效工具。對此，沈家本有其深刻的認識，在闡述刪除比附的理由時，他對比附援引的弊端進行了精闢透徹的法理分析：第一，「司法之審判官得以己意，於律無正條之行爲，比附類似之條文，致人於罰，是非司法官，

〔註64〕曲新久著：《刑法的精神與範疇》，中國政法大學出版社，2000 年版，第 358 頁。
〔註65〕請參見徐岱：《罪刑法定與中國古代刑法》，載於《法制與社會發展》，2000 年第 2 期。

直立法官矣。司法、立法混而為一，非立憲國之所宜有也」；第二，「法者與
民共信之物，律有明文，乃知應為與不應為。若刑律之外，參以官吏之意見，
則民將無所適從。以律無明文之事，忽授類似之罰，是何異以機殺人也」；第
三，「人心不同，亦如其面，若許審判官得據類似之例，科人以刑，即可恣意
出入人罪，刑事裁判難期統一也」，因之，沈家本提出：「一切犯罪須有正條
乃為成立，即刑律不准比附援引之大原則也」，〔註66〕堅決反對比附援引，可
見沈家本已經汲取並已經認可了西方法律的罪刑法定原則。

　　當然，沈家本對西方法律的認識絕不止於此，事實上他對故殺、獄政等
與刑法相關的問題也都有深入的瞭解，並將之應用於修律的實踐中。近代西
方的法律是一個完整的體系，沈家本對此也有其自己的體認，特別是其干預
突破中國傳統的諸法合體的法律體系，仿行西法，將實體法和程序法分開，
不能不說這是沈家本理論的勇氣與智慧。光緒三十二年，沈家本在《進呈訴
訟法擬請先行試辦摺》中寫到：「竊維法一道，因時制宜，大致以刑法為體，
以訴訟為用。體不全，無以標立法之宗旨；用不備，無以收行法之實功。二
者相因，不容偏廢。……查中國訴訟斷獄，附見刑律，沿用唐明舊制，用意
重在簡括。揆諸今日情形，亟應擴充，以期詳備。」是文中，沈家本還提出
要建立西方的陪審員和律師制度，〔註67〕顯然更是觸及了西方法律的更深層
次的內容。

　　在閱讀沈家本的相關文獻中，我更是令人吃驚的發現沈家本對西方憲政
的理解，特別是對於司法獨立的理解頗有深度。三權分立是憲政的基礎和前
提，三權分立就是要求立法、行政、司法三種權力有不同的機關獨立行使，
相互制約與平衡，最終達到限制權力濫用的目的。沈家本對此亦是心領神會：
「夫立憲為國家之利，薄海臣民莫不周知，然必須十年、二十年而後能實行
者，則以各法成典未能確定故也。蓋立憲之精意，即以國家統治之權，分配
於立法、行政、司法之三機關，並保障國民之公權及私權，而後國家之土地、
人民、政事三者於以相維相繫而永固。」〔註68〕但具體落實三權分立原則的

〔註66〕沈家本：《歷代刑法考·明律目箋一》，見《沈寄簃先生遺書》，中國書店，1990
　　　　年版，第778頁。
〔註67〕請參見沈家本：《進呈訴訟法擬請先行試辦摺》，見張國華、李貴連編著：《沈
　　　　家本年譜初稿》，北京大學出版社，1989年版，第110～112頁。
〔註68〕請參見張國華、李貴連編著：《沈家本年譜初稿》，北京大學出版社，1989年
　　　　版，第158頁。

過程中，因各國國情的差異而有所側重。如法國鑒於封建時代司法對行政的過度干預，在革命後特別需要強調行政權的獨立，甚至將行政裁判權也劃歸獨立的行政法院，以杜絕司法對行政的干涉。而中國則恰恰相反，實際上司法權依附於行政權，「中國行政、司法二權，向合爲一」，〔註 69〕所以中國的問題是取得司法權的獨立：「司法獨立，爲異日憲政之始基」；〔註 70〕「東西各國憲政之萌芽，俱本於司法之獨立，而司法之獨立，實賴法律爲之維持」。〔註 71〕沈家本正是汲取了近代西方的政治和法律制度，站在爲國家奠定憲政之基礎的高度上來認識近代中國的司法獨立和法律改革的大計，並在其力所能及的範圍內推進了近代中國的法律建設。

三、沈家本修律的出發點與指導思想

（一）沈家本修律的出發點：法律救國

近代中國的歷史，是中國人民反抗外來侵略，保國保種救亡圖存的歷史。社會各階層特別傳統的知識分子更是殫精竭慮，選擇不同的方式以挽救國家危亡，試圖爲中國重構一個可以長久的立國之道。實業救國者有之、維新救國者有之、革命救國者有之，而沈家本的道路，則是學習西律、刪改舊律、制定新律的法律救國之道。沈家本爲什麼要選擇法律爲自己救國武器呢？一個人思想的發展，離不開其個人成長的環境，沈家本法律救國論的形成，這也離不開其個人的成長環境和社會經歷。

中國傳統的知識分子素有「天下興亡、匹夫有責」的愛國精神和「修身、齊家、治國、平天下」政治責任感，生活在「三千年未有之大變局」時代的沈家本猶是。沈家本出生於第一次鴉片戰爭爆發的 1840 年，隨後的第二次鴉片戰爭、中法戰爭、中日甲午戰爭和八國聯軍侵華等，都是沈家本親歷的慘痛記憶。生在這個中國由封建社會向半殖民地社會轉變的動盪時代。沈家本對列強環伺、江山殘敗的局面，懷有強烈的愛國激情和救國夙願。第二次鴉片戰爭期間，沈家本剛剛年屆 20，目睹英法聯軍火燒圓明園，侵略者的鐵

〔註 69〕請參見張國華、李貴連編著：《沈家本年譜初稿》，北京大學出版社，1989 年版，第 129 頁。

〔註 70〕請參見張國華、李貴連編著：《沈家本年譜初稿》，北京大學出版社，1989 年版，第 137 頁。

〔註 71〕轉引自張國華、李貴連編著：《沈家本年譜初稿》，北京大學出版社，1989 年版，第 161 頁。

蹄肆意蹂躪清王朝的疆土，即有投筆從戎、請纓殺敵之念。而四十年後，北京再度遭受侵略者的的洗劫，剛剛從直隸通永道擢升山西按察使的沈家本，未及赴任，不但府衙被抄、府庫被劫，最後自身也未能幸免，被侵略者拘押軟禁大 9 個月之久，並險遭不測。被押期間，沈家本保持了國格人格，然國家破亡的慘景、個人被俘的恥辱，都使得他悲憤欲絕、刻骨銘心，更是希望爲朝廷效力。沈家本被放之後，奉命赴西安覲見慈禧，途中路過鄭州公孫子產墓，子產係春秋時期著名政治家，時鄭國出在列強包圍之中，爲了救時強國，子產毅然改革「刑不可知威不可測」的舊傳統，鑄刑書將法律公諸於世。沈家本賦詩「公孫遺愛聖門推，論學原須並論才。國小鄰強交有道，此人端爲救時來」〔註 72〕以寄託自己對中國歷史上最早的法律改革者之一的敬重與哀思，子產是沈家本效法的楷模，也是沈家本法律救國論的最直接思想淵源。

　　沈家本法律救國論的形成，最重要的還是由於沈家本一生的治律經歷和司法實踐。沈家本在光緒九年中進士，留在刑部候補，從此專攻法律之學。光緒十九年出任天津知府，光緒二十三年改任保定知府，此後歷任山西按察使、刑部左侍郎、大理寺正卿、刑部右侍郎、修訂法律大臣等職。由於沈家本長期任職刑部，得以瀏覽歷代法典，故對中國歷代法律發展的淵源流變和成敗得失具有深入的研究和理解，並在某種意義上具有一定的批判精神。當然，作爲一個封建官僚，作爲晚清的修律大臣，作爲一個熟悉中國法律歷史的開明思想家，沈家本不可能割斷與封建法律的關係。相反，他要從中尋找革新的根據和可資借鑒的資源。他批評一些人只看到「今日法理之學，日有新發明」，把中國傳統的典章、文獻通通斥爲「陳跡」、「故紙」，故意貶低總結法制史經驗的意義。沈家本還熱心於瞭解西方國家的法律制度，深感西方國家法律制度的先進性，對於維護政治穩定和促進政治發展具有重要作用。沈家本推崇我國古代法律，特別是三代和唐代法律更是推崇備至。但是，當沈家本接觸到西方的法律文化後，卻認爲西法優於中法，並認爲西方國家強盛的原因，正是在於它們的法律制度的先進性。他認爲「孟德斯鳩之論，發明法理，立說著書，風行於世」，學派林立，討論推尋，精研政法者，朋興輩作，最後「新理日出，得以改革其政治，保安其人民」，因而造成今日之

―――――

〔註72〕沈家本：《枕碧樓偶存稿・稿十一》，見張國華、李貴連編著：《沈家本年譜初稿》，北京大學出版社，1989 年版，第 75 頁。

強盛。〔註 73〕沈家本法律思想的先進性，正是體現在他不囿於中國廣博悠久的舊學，在對其分析批判的基礎上加以繼承，更爲重要的是，他積極學習西歐和日本的新學，熱衷於翻譯外國法律著作，建立法律學堂等等，力主取「彼法之善」。爲了挽救「屢經變故，百事艱難」的中國，沈家本主張「有志之士，當討究治道之源，旁考各國制度，觀其會通，庶幾採擷精華，稍有補於當世。」〔註 74〕總之，長期的治律經歷和司法實踐，鑄就了沈家本對法律的信心，對西方的法律強國論的認同，更是奠定了沈家本法律救國的思想根基。故在沈家本看來，興明法學是強國的必由之路，這已經不僅僅被中國的歷史所證明，也已爲西方各國的東瀛日本的近世經驗所證明。所以沈家本希望中國也能像西方國家和日本一樣重視法學，改革舊律，制定新律。

沈家本的法律救國思想主要體現在以下兩個方面：一是力主改革舊律、接軌西律以收回治外法權。治外法權的喪失對中國主權特別是司法主權的完整性造成了嚴重損害，也激起了日益高漲的資產階級革命浪潮，對此，清政府也做出了積極的回應，力圖在討好列強的前提下消餌革命。沈家本認爲中國治外法權的喪失，不僅僅是列強侵略中國的結果，而是由於中國法制的落後，「推原其故，無非因內國刑律之輕重失宜，有以釀之」；〔註 75〕「中國之重法，西人每訾爲不仁，其旅居中國者，皆籍口於此，不受中國之約束」。〔註 76〕故沈家本他主張立法從輕，用法從寬，使中國的法律與西法「同一」以圖治外法權的收回。二是引入西方制度，以實現富國強兵，促進中國近代化。沈家本修律的重要意義，不僅僅在於改革舊律、制定新律，更重要的是，沈家本借修律這個契機，用法律將一些帶有資本主義因素的東西合法化。譬如沈家本特別推崇西方國家近代以來的平等意識，將「倡平等」，培育具有近代平等意識的國民，作爲自己法律改革的一個重要目標。沈家本力倡種族平等，特別是滿漢適用法律一律平等；號召男女平等，反對傳統法律對婦女的歧視；力主禁止買賣人口，革除蓄養奴婢等。沈家本還主張法律應該保障和

〔註 73〕請參見沈家本：《法學會雜誌序》，見李光燦著：《評寄簃文存・並載：〈寄簃文存〉卷六》，群眾出版社，1985 年版，第 385～386 頁。

〔註 74〕沈家本：《政法類典序》，見李光燦著：《評寄簃文存・並載：〈寄簃文存〉卷六》，群眾出版社，1985 年版，第 383 頁。

〔註 75〕沈家本：《刑律草案告成分期繕單呈覽並陳修訂大旨摺》，見故宮博物院明清檔案部編：《清末籌備立憲檔案史料》（下冊），中華書局，1979 年版，第 823 頁。

〔註 76〕沈家本：《刪除律例內重法摺》，見李光燦著：《評寄簃文存・並載：〈寄簃文存〉卷一》，群眾出版社，1985 年版，第 189～190 頁。

鼓勵各民族之間的經濟交往，鼓勵財產的自由流通已經勞動力的交換。這些思想是沈家本思想中的最為民主的部分，即有鮮明的資本主義色彩，為中國政治和經濟的近代化，為中國國民的主體意識的蘇醒具有重要的作用。

沈家本受命於危難之際，本著法律救國的初衷，試圖通過法律改革，引進西方的先進制度，以達到富國強兵、民族獨立的目標，並最終實現中國的近代化，貢獻了畢生的心血，其功績不可埋沒。沈家本在彌留之際，仍念念不忘畢生之志，撰文祝願：「中國法學昌明，政治之改革，人民之之安，胥賴於是，必不讓東西各國競詡文明」，字字句句，都滲透了這位法學先驅報效祖國之情和以法救國、以法治國、以法強國的理想。〔註77〕然而，沈家本雖然窮其一生致力於法律救國，但是在中國企圖超越現實的政治環境挽救中國於危亡，企圖離開政治變革通過修訂法律實現救國、強國和富國，卻無異於緣木求魚，最終難免是一幕歷史的悲喜劇。

（二）沈家本修律的指導思想：參酌古今會通中西

19世紀末20世紀初的中國歷史，乃是西方文化在中國廣泛滲透和傳播的歷史，在這個過程中，兩種異質文化的衝突使得中國的傳統文化遭遇了空前的挑戰，也不可避免地引起了近代中國法律文化的變遷與轉型。一方面，海禁大開後，在湧入中國的新事物和近代中國商品經濟發展的衝擊下，建構於農業自然經濟和宗法關係及王權統治上的中國傳統的法律文化無法適應新的經濟條件和法律關係，遭遇了空前的危機。另一方面，伴隨著西方堅船利炮和商品經濟而湧入中國的西方的法律文化，體現了與中國傳統法律文化截然不同的價值取向，動搖了中國社會賴以延續和發展的合法性基礎，從而催發著前後相繼的近代中國的政治與法律改革，推動著中國法律的艱難轉型。法律文化的變遷可以說是近代中國社會歷史變遷的一個縮影，近代中國法律的成長和變遷，交織著西方法律文化的滲透與影響。如何看待中國傳統法律文化所面臨的危機？如何應對西方法律文化帶來的衝擊與挑戰？中國的法律文化將走向何方？這些尖銳的問題引起了時人的激烈的反響。在「舉朝競言西法，無敢持異議者」〔註78〕的情形下，惟有沈家本立基於其對中國傳統法律文化的深刻體認，熱心探索西方國家的法律文化，逐漸擺脫和突破法制上的

〔註77〕李貴連著：《沈家本評傳》，南京大學出版社，2005年版，第200頁。
〔註78〕《清史稿·於式枚傳》。

華夷觀念或全盤西化，在中學和西學之間劃分界限的狹隘觀念，提出了其參酌古今會通中西的法律觀。

　　光緒二十八年二是初二日，清廷下詔：「中國律例，自漢唐以來，代有增改。我朝《大清律例》一書，折衷至當，備極精詳。惟是爲治之道，尤貴因時制宜，今昔情勢不同，非參酌適中，不能推行盡善。況近來地利日興，商務日廣，如礦律、路律、商律等類，皆應妥議專條。著名出使大臣，查取各國通行律例，咨送外務部。並著責成袁世凱、劉坤一、張之洞，愼選熟悉中西律例者，保送數員來京，聽候簡派，開館纂修，請旨審定頒行。總期切實平允，中外通行，用示通變宜民之至意。」〔註 79〕四月初六日，清廷發佈諭旨：「四月初六日才發出上諭：「現在通商交涉，事益繁多，著派沈家本、伍廷芳，將一切現行律例，按照交涉情形，參酌各國法律，悉心考訂，妥爲擬議，務期中外通行，有裨治理。」〔註 80〕這兩道諭旨既道出了清政府修理的動機雖然是爲了處理與資本主義列強外交中出現的新事物，以利於收回治外法權，但很大程度上則是爲了迎合帝國主義侵略者新的需求，同時也給沈家本規定了修律的指導思想是「按照交涉情形，參酌各國法律，悉心考訂，妥爲擬議，務期中外通行，有裨治理」。這兩道諭旨沒有涉及如何處理中國傳統法律的內核「三綱五常」的問題，然光緒三十三年九月二日，清政府在人命沈家本爲修訂法律大臣的上諭中，卻明確要求沈家本「參考各國成法，體察中國禮教民情，會通參酌，妥善修訂」；〔註81〕宣統元年正月二十七關於刑法修訂的諭旨則指出：「刑法之源，本乎禮教。中外各國禮教不同，故刑法亦因之而異。中國素重綱常，故於干犯名義之條，立法特爲嚴重。良以三綱五常，闡自唐虞，聖明帝王，兢兢保守，實爲數千年相傳之國粹，立國之大本。今寰海大通，國際每多交涉。故不宜墨守故常，致失通變宜民之義，但只可採彼之常，益我所短。凡我舊律義關倫常諸條，不可率行變革，庶以維天理民彝於不蔽。該大臣務本此意，以爲修改宗旨，是爲至要」。〔註82〕明確要求沈家本不許以「參酌各國法律」之名，擅自改變舊律之「義關倫常」，不得改變「國粹」與「立國之大本」即「三綱五常」。

〔註79〕《大清德宗景皇帝實錄》，卷四九五。
〔註80〕《大清德宗景皇帝實錄》，卷四九八。
〔註81〕《大清德宗景皇帝實錄》，卷五七○。
〔註82〕《修改新刑律不可變革義關倫常各條諭》，見故宮博物院明清檔案部編：《清末立憲籌備檔案史料》（下），中華書局，1979 年版，第 858 頁。

作爲清王朝的修訂法律大臣的沈家本，自幼便受儒家文化的薰陶，所以他不可能也不會完全拋棄封建文化中的三綱五常；但作爲一個精通西方法律的開明知識分子，嘗試尋找中國傳統法律文化與西方法律文化的結合點，力圖將自己對法律的理解注入到修律的實踐中，以實現自己法律救國的理想。

對於中學和西學，沈家本有其自己獨特的認識和總體的把握：「方今學之大勢，分爲二派。守舊圖新，各執其事，分馳並鶩，時相傾軋。世方以爲患，而非患也。舊有舊之是，新有新之是。究其眞是，何舊何新？守舊者思以學濟天下之變，非得眞是，變安能濟也？圖新者思以學定天下之局，非得眞是，局莫可定也。世運推演，其是必出，傾軋者方將融化矣。故曰非患也。浮囂之習，中於人心，汪洋恣肆，其議論時軼乎名教綱常之外狂瀾橫溢，堤防將潰。然成括小才，適以賈禍，士之稍明事勢者，必不蹈此習。世方以此爲患，而非患也。士之大患則利祿之心勝，而學問之心詘也。夫士之學將爲世用，何必以利祿爲疚！且國家方懸利祿以相招，又何必爲士諱『抑知心不可兩涉，兩涉其途，將並一途亦不能達其所至』。此患之分其功修者也，其患猶小。若充其利祿之心，將所以保其利祿之方，必無所不至；所以窮其利祿之事，比無所不爲。敗壞風氣，遺禍生民。此患之喪其德性者也，其患實大。昔者科舉之所以爲世詬病，其大患即在於以利祿誘天下之人，天下之人亦群相馳鶩，於利祿之中而遷流不知所屆。今廢科舉而興學堂，烏不可除此患哉。子張學干祿，夫子告之以寡尤寡悔。然則君子之學以謀道也，其出而用世以行道也」。〔註83〕在沈家本看來，無論新學舊學、中學西學，都各有其是，無患於中國；關鍵是在於爲什麼而學，有患於中國者，士大夫以利祿爲心也，所以學者們不應各立門戶、相互傾軋，只要不以利祿爲心，認眞探究，都能從各種學說中悟出「眞是」。

沈家本對中學西學或者新學舊學的體認，體現在法學領域，他雖然極爲讚譽西方的法律文明，主張採取西方的法治，但他又明確反對全盤西化論者，反對全盤拋棄中國的傳統法律：「今者法治之說，洋溢乎四表，方興未艾。朝廷設館，編纂法學諸書，將改弦而更張之奐。乃世之學者，新舊紛案，各分門戶，何哉？夫吾國舊學，自成法系，精微之處，仁至義盡，新學要旨，

〔註83〕沈家本：《浙江留京同學錄序》，轉引自李貴連：《沈家本傳》，法律出版社，
　　　　2000 年版，第 368～369 頁。

已在包涵之內，鳥可弁髦等視，不復研求。新學往往從舊學推演而出，事變愈多，法理愈密，然大要總不外情理二字。無論舊學新學，不能捨情理而別爲法也，所貴融會而貫通之。保守經常，革除弊俗，舊不俱廢，新亦當參，但期推行盡利，正未可持門戶之見也」。〔註84〕沈家本正是從上述觀點出發，真誠的批評全盤西化派和保守派：「方今世之崇尚西法者，未必皆能深明其法之本原，不過籍以爲炫世之具，幾欲步亦步趨亦趨。而墨守先型者，又鄙薄西人，以爲事事不足取」；又曰：「古古法之不同於今而不行於今，非必古之不若今，或且古勝於今。而今之人習乎今之法，一言古而反以爲泥古，並古勝於今而亦議之。謂古法之皆可行於今誠未必然，謂古法皆不可行於今，又豈其然。西之於中亦猶是耳。值事窮則變之時，而仍有積重難返之勢，不究其法之宗旨如何？經驗如何？崇尚者或拘乎其虛，而鄙薄者終狃於其故」。〔註85〕沈家本真誠的相信，在挽救國家危亡的總目標下，以「究其真是」、「推行盡利」爲研討中西法律的原則和目的，那中西法學或者說新學舊學之間的界限定能融解。

那麼沈家本是如何調和中學與西學呢？或者說，沈家本找到的兩者的融會點是什麼呢？其辨別與取捨中西法律的標準又是什麼呢？對此，沈家本曾有一個精要的回答：「這種各國大同之良規，兼采近世最新之學說，而仍不戾乎我國歷世相沿之禮教民情」。〔註86〕在沈家本看來，大同良規、最新學說和禮教民情這三者是一個完整的統一體，中國要免於亡國要富強，就必須與先進國家「齊一法制」，就必須改革中國傳統的法律，在中國的傳統法律中滲入世界各國的法制和最新學說：「我法之不善者當去之，當去而不去，是之爲悖；彼法之善者當取之，當取而不取，是之爲愚」，〔註87〕這就是沈家本對於取捨中西法學的根本態度和標準。那麼，應該怎樣辨別中西法律中何者爲「善」，何者爲「不善」呢？沈家本認爲必須通過「深究其源而精

〔註84〕沈家本：《法學名著序》，見李光燦著：《評寄簃文存·並載：〈寄簃文存〉卷六》，群眾出版社，1985年版，第382頁。

〔註85〕沈家本：《裁判訪問錄序》，見李光燦著：《評寄簃文存·並載：〈寄簃文存〉卷六》，群眾出版社，1985年版，第378頁。

〔註86〕沈家本：《進呈刑律分則草案摺》，轉引自張國華、李貴連編著：《沈家本年譜初稿》，北京大學出版社，1989年版，第181頁。

〔註87〕沈家本：《裁判訪問錄序》，見李光燦著：《評寄簃文存·並載：〈寄簃文存〉卷六》，群眾出版社，1985年版，第379頁。

心其理」〔註88〕、探究「古今中外法律本原」〔註89〕才能找出中外法律之「善」、之「眞是」。

通過深入的考訂研求，比較對照中西法律，沈家本的結論是中西法律「同異參半」，而西方法律的要旨，中國法律已經全部包含：「各國法律之精意，固不能出中律之範圍」。〔註90〕沈家本將中西法律現象中的相同性概括爲：

一是法治主義。沈家本非常仰慕資產階級法治給西方各國帶來的繁榮、進步與昌盛，他盛讚：「近今泰西政事，純以法治，三權分立，互相維持。其學說之嬗衍，推明法理，專而能精，流風餘韻，東漸三島，何其盛也！」〔註91〕但沈家本認爲，法治並非純屬是西方的東西，事實上中國古已有之。沈家本認爲：「《管子》曰『立法以典民則祥，離法而治則不祥。』又曰『以法治國，則舉措而已。』又曰『先王之治國也，使法擇人，不自舉也。使法量功，不自度也。』其言與今日西人之學說流派頗相近是。是法治主義，古人早有持此說者，特宗旨不容耳。」〔註92〕沈家本認爲法治是方今世界的大勢所趨，朝廷的修律之舉就是爲了推行法治。在這裡，沈家本混淆了中國古代的法治主義與近代西方的法治，他沒有認識到近代西方的法治是和民主政治相聯繫的，其要素在於法律至上、依法治國、法律面前人人平等、保障公民的各項權利等。但是沈家本卻也認識到「申韓之說」不等於「泰西之學」的法治主義，他說：「或者議曰：『以法治者，其流弊必入於申韓，學者不可不愼。』須知申韓之學，以刻核爲宗旨，恃威相劫，實專制之尤。泰西之學，以保護治安爲宗旨，人人有自由之便利，仍人人不得稍越法律之範圍。二者相衡，判然各別。則以申韓議泰西，亦未究厥宗旨耳。」〔註93〕這不能不說是沈家本的一種進步，他以極大的熱情熱切呼喚在中國推行法治，令人敬佩。

〔註88〕 沈家本：《重刻唐律疏議序》，見李光燦著：《評寄簃文存・並載：〈寄簃文存〉卷六》，群眾出版社，1985年版，第352頁。
〔註89〕 《大清德宗景皇帝實錄》，卷五七九。
〔註90〕 沈家本：《刪除律例內重法摺》，見李光燦著：《評寄簃文存・並載：〈寄簃文存〉卷一》，群眾出版社，1985年版，第189頁。
〔註91〕 沈家本：《法學名著序》，見李光燦著：《評寄簃文存・並載：〈寄簃文存〉卷六》，群眾出版社，1985年版，第381頁。
〔註92〕 沈家本：《新譯法規大全序》，見李光燦著：《評寄簃文存・並載：〈寄簃文存〉卷六》，群眾出版社，1985年版，第384頁。
〔註93〕 沈家本：《法學名著序》，見李光燦著：《評寄簃文存・並載：〈寄簃文存〉卷六》，群眾出版社，1985年版，第382頁。

　　二是罪刑法定主義。沈家本認爲罪刑法定主義中國早已有之，他援引《晉書・刑法志》的內容加以證明：「法律斷罪，皆黨義法律令正文，若無正文，依附名例斷之，其正文、名例所不及，皆勿論。……守法之官，惟當奉用律令」。〔註94〕又曰：「劉頌有『正文、名例所不及，皆勿論』之請；唐趙東曦有『勿用加減比附』之議，並有見於律外科刑，必至有恣意輕重之弊。今東西各國刑法，凡律無正條者不得處罰，職是故也」。〔註95〕故在沈家本看來，中西法律的罪刑法定主義其意圖是一致的，在這裡，沈家本雖然又混淆了罪刑法定主義與罪刑法定原則的區別，但沈家本基於這個體認並將之適用於修律當中用作刪除比附援引原則的理由是有積極意義的。

　　三是政刑權分之制。沈家本青年時期即推崇《周官》，他認爲：「成周官制，政刑權分。教官之屬，如鄉師、鄉大夫、州長、黨正，各掌其所屬之政教禁令，此持政權者也。刑官之屬，如鄉士、遂士、縣士、方士，各掌其所屬之訟獄，此持邢權者也。其職守不相侵越，故能各盡所長，政平訟理，風俗休美」。而「今日歐洲制度，政刑分離，頗與周官相合。」〔註96〕

　　四是監獄管理均以感化爲宗旨。西方監獄設有教誨室以漸啓取反之悔悟，更設假出獄之律，許其自新，所以西方監獄「以感化爲宗旨」。但我國古人「設獄之宗旨，非以苦人辱人，將以感化人也」。沈家本考察三代夏臺、羑里、圜圖，「設獄原非以害人，其幽閉思懲改善爲惡二語，以感化爲宗旨，尤與近世新學說相合。可以見名理自在天壤，今人之所矜爲創獲者，古人早已言之。特無人推闡其說，遂至湮沒不彰。」〔註97〕

　　沈家本還考察緣故唐虞之法，指出：「《舜典》所記刑制，頗稱完備。《國語》：『展禽曰：堯能單均刑法以儀民』。疑舜之刑制當日亦曾承堯命者也。後來刑法，其宗旨悉出於舜。罰弗及嗣，即文王『罪人不孥』之法也。宥過無大，刑故我小，即《康誥》『非眚惟終，非終惟眚』之意也。罪疑惟輕，

〔註94〕沈家本：《歷代刑法考・明律目箋一》，見《沈寄簃先生遺書》，中國書店，1990年版，第774頁。

〔註95〕沈家本：《婦女離異律例偶箋・燕訓卿議杜氏不應離異說貼》，見李光燦著：《評寄簃文存・並載〈寄簃文存〉卷一》，群眾出版社，1985年版，第338頁。

〔註96〕沈家本：《歷代刑法考・歷代刑官考一》，見《沈寄簃先生遺書》，中國書店，1990年版，第837頁。

〔註97〕沈家本：《歷代刑法考・獄考》，見《沈寄簃先生遺書》，中國書店，1990年版，第488頁。

即《呂刑》『刑疑有赦，罰疑有赦』之制也。『與其殺不辜，寧失不經』二語，尤為用刑者之所當尋繹。推求太密，每涉於苛。會得此旨，庶歸平恕。進來泰西之法，頗與此旨暗合，知聖人之言包蘊宏矣。」〔註98〕總之，沈家本認為，只要認真考求，西方法律所包含之宗旨，無不能在中國傳統法律的精意中找到其本原。

那麼，連接中西法律上述這些共同現象的內在聯繫是什麼呢？沈家本所謂的「大凡事理，必有當然之極，苟用其極，則古今中西初無二致」，又曰「說到真確處，古今中外歸一致」，〔註99〕這「當然之極」、「苟用之極」和「真確處」是什麼呢？縱觀沈家本的論述，這個「當然之極」或者曰「真確處」即是「理」：「是今之君子，所當深求其源，而精思其理矣。」〔註100〕沈家本在這裡所說的「理」也即「法理」，但沈家本的「法理」並非中國古代意義上的法律，亦非西方近代意義上的法理，而是指中國古代法律所包含的原理。沈家本認為，中西法律各有各的法理，雙方法律儘管不完全相同，但其中有個共同的「精意」：「情理」。沈家本是這樣闡述他的觀點的：「夫吾國舊學，自成法系，精微之處，仁至義盡，新學要旨，已在包涵之內，烏可弁髦等視，不復研求。新學往往從舊學推演而出，事變愈多，法理愈密，然大要總不外情理二字。無論舊學新學，不能捨情理而別為法也，所貴融會而貫通之。」〔註101〕這樣，沈家本就找到了溝通中外法律文化的共同精神，「情理」是中國傳統文化的精華，也是各國法律普遍存在的精意。

〔註98〕沈家本：《歷代刑法考‧刑制總考一》，見《沈寄簃先生遺書》，中國書店，1990年版，第5頁。

〔註99〕沈家本：《監獄訪問錄序》，見李光燦著：《評寄簃文存‧並載：〈寄簃文存〉卷六》，群眾出版社，1985年版，第380頁。

〔註100〕沈家本：《重刻唐律疏議序》，見李光燦著：《評寄簃文存‧並載：〈寄簃文存〉卷一》，群眾出版社，1985年版，第352頁。

〔註101〕沈家本：《法學名著序》，見李光燦著：《評寄簃文存‧並載：〈寄簃文存〉卷六》，群眾出版社，1985年版，第382頁。

第四章　沈家本法律改革的
　　　　　實踐與成果

一、法律改革的準備：模範列強

　　根據上論「參酌各國法律」、「務期中外通行」的修律方針，沈家本提出了「參酌古今、博稽中外」的修律原則，為了使中國的法律與世界趨同化，沈家本首先做了「模範列強」的一些法律改革的準備工作。

（一）參酌各國法律　首重翻譯

　　清廷關於修律的兩道諭旨中，明確要求「各出使大臣，查取各國通行律例，咨送外務部。」和「參酌各國法律，悉心考訂，妥為擬議，務期中外通行，有裨治理」。因之，沈家本在主持修律的過程中，始終把翻譯各國律例實為修律最為重要的一項準備工作。沈家本認為「欲明西法之宗旨，必研究西人之學，尤必編譯西人之書」；〔註1〕「參酌各國法律，首重翻譯」，「而譯書以法律為最難，語意之緩急輕重，記述之詳略偏全，抉擇未精，舛訛立見。從前日本譯述西洋各國法律多尚意譯，後因訛誤，該歸直譯，中國名詞未定，迻譯更不易言。臣深虞失實，務令譯員力求信達，……每成一種，臣與原譯人員，逐句逐字，反覆研究，務求其解。」〔註2〕沈家本還特地奏請將刑部律

〔註1〕 沈家本：《新譯法規大全序》，見李光燦著：《評寄簃文存‧並載：〈寄簃文存〉卷六》，群眾出版社，1985年版，第384頁。

〔註2〕 沈家本：《修訂法律大臣沈家本奏修訂法律情形並請歸併法部大理院會同辦理摺》，見故宮博物院明清檔案部編：《清末立憲籌備檔案史料》（下），中華書局，1979年版，第838頁。

例館改為修訂法律館，在沈家本的主持與督促下，從光緒三十年（1904 年）四月初一日修訂法律館開館，到宣統元年（1909 年）為止，沈家本率領的翻譯群體就譯出了數十個國家的幾十種法律和法學著述。

光緒三十一年三月，在《刪除律例內重法摺》中，沈家本對開館近一年的翻譯做過一次統計：「計自光緒三十年四月初一日開館以來，各國法律之譯成者：德意志曰刑法、曰裁判法；俄羅斯曰刑法；日本曰現行刑法、曰改正刑法、曰陸軍刑法、曰海軍刑法、曰刑事訴訟法、曰監獄法、曰裁判所構成法、曰刑法。義解較正者，曰法蘭西刑法，至英、美各國刑法。臣廷芳從前游學英國，夙所研究該二國刑法，雖無專書，然散見他籍者不少。飭員依類輯譯，不日亦可告成。復令該員等比較異同，分門列表，展卷了然，各國之法律已可得其大略。」〔註 3〕

兩年之後，即光緒三十三年五月，沈家本在《修訂法律大臣沈家本奏修訂法律情形並請歸併法部大理院會同辦理摺》中，對近年來翻譯之西方法律書籍重新作了一個統計：「先後譯成法蘭西刑法、德意志刑法、俄羅斯刑法、和蘭刑法、意大利刑法、法蘭西印刷律、德國民事訴訟法、日本刑法、日本改正刑法、日本海軍刑法、日本陸軍刑法、日本刑事法論、普魯士司法制度、日本裁判構成法、日本監獄訪問錄、日本新刑法草案、法典論、日本刑法義解、日本監獄法、監獄學、獄事談、日本刑事訴訟法、日本裁判所編制立法論、共二十六種。又已譯未完者，德意志民法、德意志舊民事訴訟法、比利時刑法論、比利時監獄則、比利時刑法、美國刑法、美國刑事訴訟法、瑞士刑法、芬蘭刑法、刑制之私法觀，共十種。」為了適應修訂刑法的需要，以及受本文前述的迻譯日本法律書籍的益處的影響，這一時期沈家本所領導的翻譯群體所翻譯的西方法律和著作，以刑法類為主，並以日本的為多，這與當時的國內時局是密切相關的。

宣統元年正月，沈家本對光緒三十三年十一月法律館離部獨立以來的翻譯又做了一次統計。計有：法律名詞、日本商法、德國海商法、英國國籍法、美國國籍法、德國國籍法、奧國國籍法、法國國籍法、葡萄牙國籍法、各國入籍法異同考、比較歸化法、日本民法（未完）、德國民法（未完）、法國民法（未完）、奧國民法（未完）、西班牙國籍法、日本票據法、美國破產法、

〔註 3〕沈家本：《刪除律例內重法摺》，見李光燦著：《評寄簃文存‧並載：〈寄簃文存〉卷一》，群眾出版社，1985 年版，第 189 頁。

美國公司法論、英國公司法論、親族法論、日本加藤正治破產法論、羅馬尼亞國籍法、意大利民法關於國籍各條、德國改正民事訴訟法（未完）、日本條約改正後關於外國人之辦法、德國強制執行及強制競賣法（未完）、日本改正刑事訴訟法、日本改正民事訴訟法、日本現行刑事訴訟法、日本現行民事訴訟法、法國刑事訴訟法（未完）、奧國法院編製法、奧國民事訴訟法（未完）、裁判訪問錄、國籍法綱要及調查員志田鉀太郎意見書、日本民事訴訟法注解、日本刑事訴訟法論、日本民事訴訟法論綱、德國高等文官試驗法、德國裁判官懲戒法、德國行政官懲戒法、國際私法。〔註4〕

　　宣統元年十一月，沈家本等在《修訂法律館奏籌辦事宜摺》中，稱「譯德國民法總則條文，譯奧國親屬法條文，譯瑞士民法總則條文，譯瑞士親屬法條文，譯法國民法總則條文，譯法國民法身份證書條文，譯日本岡松參太郎所著民法理由總則物權債權（未完），譯日本奧田義人所著繼承法，譯奧國民事訴訟律，譯德國改正民事訴訟法（未完），譯德國破產法條文（未完），譯德國強制執行法及強制競賣法，譯日本法律辭典。」〔註5〕這一時期因開始籌劃制定民商法、訴訟法等，故翻譯亦是為此作準備。

　　沈家本極為重視法律的翻譯工作，譬如他極為重視翻譯人才的羅致，注意提高翻譯人員的薪金等，「遴選諳習中西律例司員，分任纂輯；延聘東西各國精通法律之博士、律師，以備顧問；復調取留學外國卒業生，從事翻譯；調撥專款，以資辦公」，〔註6〕為法律翻譯工作的高質完成創造了條件。沈家本主持的法律翻譯工作，大量引進了西方的法律條文化法學著作，為當時國人法律觀念的更新，為融通中西改革修律制定新律，為中國法律的現代化奠定了基礎，可謂功不可沒。

（二）創建法律學堂　培養法律人才

　　沈家本認為要實現中國法律的進步和中國法學的現代化，最終要落實到對專門法律人才的培養上，他深知「法律為專門之學，非俗吏之所能通曉，必有專門人才，斯其析理也精而密，其創制也公而允。以至公至允之法律，

〔註4〕轉引自李貴連著：《沈家本評傳》，南京大學出版社，2005年版，第116頁。
〔註5〕沈家本：《修訂法律館奏籌辦事宜摺》，見張國華、李貴連編著：《沈家本年譜初稿》，北京大學出版社，1989年版，第213～214頁。
〔註6〕沈家本：《刪除律例內重法摺》，見李光燦著：《評寄簃文存·並載：〈寄簃文存〉卷一》，群眾出版社，1985年版，第189頁。

而運以至精至密之心思，則法安有不善者？！及其施行也，仍以至精至密之心思，用此至至允之法律，則其論決又安有不善者？！」〔註7〕所以沈家本極爲贊成伍廷芳提出的「法律成而無講求法律之人，施行比多阻閣，非專設學堂培養人才不可」〔註8〕的建議，奏請撥款設立法律學堂，以培養法律專門人才。

光緒三十一年（1905 年）三月十三日，沈家本與伍廷芳聯名上《刪除律例內重法摺》，折後另附兩個奏片，向朝廷奏請在京師開辦法律學堂事宜：「新律修訂，亟應儲備裁判人才。宜在京師設一法律學堂，考取各部屬員入堂肄業，畢業後派往各省，爲佐理新政、分治地方之用。課程比照大學堂奏定學科，酌量損益……」；第二片提出：「請在各省已辦之課吏館內，添造講堂，專設仕學速成科目。自候補道府以至佐雜，年在四十以內者，均令入學肄業，本地紳士亦准附學聽講。課程參照大學堂法律學門所列科目，及日本現設之政法速成科，以六個月爲一學期，三學期畢業。每一學期後，由督撫率同教習面試一次，畢業後由督撫將學員職名、考試分數，造冊咨送京師政務處、學務處、吏部、刑部，以備察核」。〔註9〕光緒帝閱後，隨即下諭由學務大臣議覆。

在得到朝廷的初步認可後，同年三月二十日，沈家本正式上奏，詳細闡述請設法律學堂的理由、總之以及相關事宜：「竊臣等奉命現行律例按照交涉情形、參酌各國法律、悉心考訂。開館以來，與編譯各員旦夕討論。深慮新律既定，各省未豫儲用律人才，則徒法不能自行，終屬無補。當此各國交通，情事萬變，外人足跡遍於行省，民教齟齬。方其起釁之始，多因地方官不諳外國法律，以致辦理失宜，釀成要案，將來鐵軌四達，雖腹地奧區，無異於通商口岸。一切新政，如路礦、商標、稅務等事，辦法稍岐，詰難立至，無一不賴有法律以維持之。然則弭無形之患，伸自主之權，尤先在修律本意。亟應廣儲裁判人才，以備應用。查學務大臣《奏定學堂章程》內，列有政法科大學，然須豫備科及各省高等學堂畢業學生升入。先在豫科甫設，計專科

〔註7〕 沈家本：《設律博士議》，見李光燦著：《評寄簃文存·並載：〈寄簃文存〉卷一》，群眾出版社，1985 年版，第 222～223 頁。

〔註8〕 沈家本：《法學通論講義序》，見李光燦著：《評寄簃文存·並載：〈寄簃文存〉卷六》，群眾出版社，1985 年版，第 376 頁。

〔註9〕 沈家本：《刪除律例內重法折·附一、附二》，見張國華、李貴連編著：《沈家本年譜初稿》，北京大學出版社，1989 年版，第 91～92 頁。

之成，爲期尙遠；進士仕學等館，其取義在明澈中外大局，於各項政事皆能知其大要，法律僅屬普通科學之一，斷難深造；出洋游學畢業法科者雖不乏人，而未諳中國情形，亦多扞格。伏思爲學之道，貴具本原。各國法律之得失，既當研厥精微互相比較，而於本國法治沿革以及風俗習慣，尤當融會貫通，心知其意。兩漢經師多嫻律令，唐宋取士皆有明法一科。在古人爲援經飾治之征符，在今日爲內政外交之樞紐。將欲強國利民，推行無阻，非專設學堂，多儲備人才不可。日本變法之初，設速成司法學校，令官紳每日入校數時，專習歐美司法行政之學。昔年在校學員，現居顯秩者不乏人。宜略仿其意，在京師設一法律學堂，考取各部屬員在堂肄業，畢業後派往各省，爲佐理新政，分治地方之用……庶幾學適於用，用其所學，於時政殊有裨益」。〔註10〕

　　是年七月初三日，學務大臣議復伍廷芳、沈家本的奏議，同意伍廷芳和沈家本的建議。在取得光緒帝的最後認可後，京師法律學堂隨即開始籌建。翌年，即光緒三十二年（1906年）九月，中國近代第一所中央官辦的法律專門學校——京師法律學堂正式開學。沈家本聘請日本法學家岡田朝太郎、松岡義正、志田鉀太郎、小河滋次郎、岩井尊文等擔任西律主講，同時也派專人研講舊律。法律學堂章程設學總義章規定：「本學堂以早就已仕人員，研精中外法律，各具政治智識，足資應用爲宗旨。並養成裁判人才，期收速效。所定課程，斟酌繁簡，按期講授，以冀學員循序漸進，屆時畢業」。〔註11〕從光緒三十二年（1906年）起到宣統三年（1911）年止的僅僅數年間，京師法律學堂「畢業者近千人，一時稱盛」。〔註12〕京師法律學堂培養了大批的法律人才，爲推動近代中國法律的轉型作出了貢獻，這正如沈家本自己所總結的那樣：「余從事斯役，訪集明達諸君，分司編輯；並延東方博士，相與講求。復創設法律學堂，造就司法人才，爲他日審判之豫備。規模略具，中國法學，於焉萌芽」。〔註13〕

〔註10〕轉引自李貴連著：《沈家本評傳》，南京大學出版社，2005年版，第327～329頁。

〔註11〕請參見張國華、李貴連編著：《沈家本年譜初稿》，北京大學出版社，1989年版，第102頁。

〔註12〕《清史稿·沈家本》，卷四四三。

〔註13〕沈家本：《法學會雜誌序》，見李光燦著：《評寄簃文存·並載：〈寄簃文存〉卷六》，群眾出版社，1985年版，第385頁。

（三）派員出國考察　聘用外籍顧問

派員出國考察國外法制，聘用外國法律專家擔當修律顧問，這時沈家本主持修律伊始就已確立的方針。早在光緒三十一年九月十七日，沈家本就曾專折奏請派員考查日本法制：「臣等奉命修訂法律，固以明定法權推辭無阻爲指歸，尤以參酌東西擇善而從爲目的。是以自上年四月開館以來，自德、法、日、俄各國刑律，均經陸續譯齊，並以英、美兩國向無刑法專書，大半散見他籍亦經依次搜討，編譯成書。惟立邦之法制，雖知其大凡，而行政之執行，尤資於試驗。考查日本改律之始，屢遣人分赴法、英、德諸邦，採取西歐法界精理，輸入東瀛，然後薈萃眾長，編成全典。舉凡訴訟之法，裁判之方，與夫監獄之規則刑制，莫不燦然大備。用能使外國旅居之人，咸願受其約束，而法權得以獨伸。致推原致此之由，實得力於遣員調查居多。我國與日本相距甚近，同洲同文，取資尤易爲力，亟應遴選專員前往調查，借得與彼都人士接洽研求。至訴訟裁判之法，必親赴其法衙獄舍，細心參考，方能窮其底蘊。將來新律告成，辦理乃有把握。然非得有學有識同打中外之員，不能勝任。茲查有刑部候補郎中董康、刑部候補主事王守恂、麥秩嚴通敏質實，平日嫻習中律，兼及外國政法之書，均能確有心得，擬請派該員等前赴日本，調查法制刑政，並分赴各裁判所，研究審判事宜，按月報告，以備采擇。凡該國修訂之沿革，頒佈之次第，以及民事、刑事之所以分判，並他項規則之關於刑政爲譯書內所未賅載者，俱可得其要領。此外，監獄制度日本向分爲六，其中建築精審，勸誡得宜，久爲泰西所稱頌，非循歷周訪，繪圖貼說，不能一目了然，尤應詳細稽考，借助他山，事半功倍。庶內外交資，於刑政不無裨益。」〔註 14〕沈家本在該折中，認爲僅僅從翻譯的各國法律著作中解讀各國法制，雖然能知其大概，但還遠遠不夠，要制定切實適用的法律，必須實地考查，闡明了赴日考查的必要性和可能性，並詳細固定了考查的三個任務，可謂事無鉅細、用心良苦。

光緒三十二年四月，調查人員東渡考查日本法制，是年十二月先後回國。翌年四月，沈家本向清廷上《調查日本裁判監獄情形摺》，進呈調查清單，詳述了調查的經過與成果。調查清單共有兩部分：調查裁判清單和調查監獄清單。董康等撰寫了《調查日本裁判監獄報告書》，收錄上述兩個清單外，附有

〔註 14〕伍廷芳、沈家本：《奏訂新律摺》，見張國華、李貴連編著：《沈家本年譜初稿》，北京大學出版社，1989 年版，第 106～107 頁。

松岡義正《日本裁判沿革大要》和岡田朝太郎《死刑宜止一種論》以及沈家本的兩件奏摺。除此之外，董康還根據赴日調查心得，編輯了《裁判訪問錄》和《監獄訪問錄》兩書，前者繫日本司法省參事官齋田十一郎關於《日本裁判所構成法》的講述，後者則是小河滋次郎之演講。沈家本親自為兩書作序，並對日本裁判、監獄制度大加褒譽。〔註15〕

　　光緒三十三年九月初五日光緒下諭：「著派沈家本、俞廉三、英瑞充修訂法律大臣，參考各國成法，體察中國禮教民情，會同參酌，妥慎修訂，奏明辦理」。〔註16〕沈家本重新受命修訂法律之後，十月初二日上書《奏修訂法律大概辦法摺》啟奏修訂法律辦法中，又闡述了派員出國考察國外法制的理由：「參考各國成法，必先調查也。日本變法之初，調查編訂，閱十五年之久，而後施行。就我國情勢言之，較諸日本，蓋形迫切，而事關立法，又何取稍涉粗疏。擬一面廣購各國最新法典及參考書，多致譯材，分任翻譯；一面派員調查各國現行法制，並不惜重資延訂外國法律專家，隨時咨詢。調查明澈，再體查中國情形，斟酌編輯，方能融會貫通；一無扞格，此為至當不易之法」，〔註17〕足見沈家本對派員出國實地考查的重視。

　　聘請外國專家擔任晚清修律的顧問，最早是由劉坤一、張之洞提出來的。為響應光緒二十六年十二月初十日清廷發佈的實行「新政」的變法詔書，兩江總督劉坤一、湖廣總督張之洞聯袂進程《變通政治人才為先遵旨籌議先務四條摺》、《籌議變法謹擬整頓重法十二條摺》、《籌議變法謹擬採用西法十一條摺》，此即名噪一時的《江楚會奏變法三摺》。在《籌議變法謹擬採用西法十一條摺》中，他們即明確提出要聘請各國的法律專家幫助中國修訂法律：「訪求各國著名律師，每大國一名，來華充當該衙門編輯律法教習，博採各國礦物律、鐵路律、商務律、刑律諸書；為中國編纂簡明礦律、路律、商律、交涉、刑律若干條，分列綱目，限一年內纂成」。〔註18〕在連銜會保

〔註15〕請參見沈家本：《裁判訪問錄序》和《監獄訪問錄序》，見李光燦著：《評寄簃文存‧並載：〈寄簃文存〉卷六》，群眾出版社，1985年版，第377～381頁。

〔註16〕《大清德宗景皇帝實錄》，卷五七九。

〔註17〕沈家本：《奏修訂法律大概辦法摺》，見張國華、李貴連編著：《沈家本年譜初稿》，北京大學出版社，1989年版，第177頁。

〔註18〕劉坤一、張之洞：《遵旨籌議變法謹擬採用西法十一條摺》，見苑書義、孫華峰、李秉新主編：《張之洞全集》（第二冊），河北人民出版社，1998年版，第1442頁。

沈家本、伍廷芳爲修訂法律大臣之前，張之洞還專門電商劉坤一、袁世凱，主張在保奏摺中加上：「在日本訪求精通法律學之博士一兩人，來華助我考訂法律，尤爲有益」這樣的內容。〔註 19〕沈家本執行了這個提議，但他聘請的全部是日本的法律專家，這些日本的法律專家，幾乎參與了晚清全部新法的制定，也造就了日本法律影響中國立法的極盛時期。

沈家本非常日本學者學習西方的態度，譬如在《法學名著序》中讚譽：「日本之游學歐洲者，大多學成始往，又先已通其文字，故能誦其書冊，窮其學說，辨其流派，會其淵源，迨至歸國之後，出其所得者，轉相教授，研究之力，不少懈怠。是以名流輩出，著述日富。」〔註 20〕又譬如在《新譯法規大全序》中指出：「日本舊時制度，唐法爲多，明治以後，採用歐法，不數十年，遂爲強國。是豈途慕歐法之形式而能若是哉？其君臣之上下，同心同德，發憤爲雄，不惜財力以編譯西人之書，以研究西人之學，棄其糟粕而擷其英華，舉全國之精審，胥貫注於法律之內，故國勢日強，非偶然也。」〔註 21〕既然經過日本學者的努力，日本已經將西方法律自精華盡收其內，取法日本，豈不是事半功倍，故沈家本力主取法日本，以日本爲師。沈家本聘請來華協助修訂法律的日本專家先後共有四人，他們是岡田朝太郎、松岡義正、志田鉀太郎、小河滋次郎。這四位法律專家，在華的主要任務是協助修訂法律，並在京師法律學堂等其他法政學堂任教。他們不僅按照日本的法律模式，爲中國草擬律例，還在中國著書立說，參與立法過程中的各種論辯，爲近代中國法律的變革，起到了重要的作用。

二、沈家本與晚清刑法領域的變革

沈家本認爲，要考訂一切現行法律，必須首先從刑法開始：「各法之中，尤以刑法爲切要」。〔註 22〕因爲晚清的一個最直接的原因是收回領事裁判權，

〔註 19〕 轉引自李貴連著：《沈家本評傳》，南京大學出版社，2005 年版，第 154 頁。
〔註 20〕 沈家本：《法學名著序》，見李光燦著：《評寄簃文存·並載：〈寄簃文存〉卷六》，群眾出版社，1985 年版，第 382 頁。
〔註 21〕 沈家本：《新譯法規大全序》，見李光燦著：《評寄簃文存·並載：〈寄簃文存〉卷六》，群眾出版社，1985 年版，第 384 頁。
〔註 22〕 沈家本：《修訂法律大臣沈家本奏形式草案告成分期繕單呈覽並陳修訂大旨摺》，見故宮博物院明清檔案部編：《清末立憲籌備檔案史料》（下），中華書局，1979 年版，第 845 頁。

而刑法領域的中西衝突，乃是西方列強掠取治外法權的一個重要理由：「況中西刑律差殊，外人夙所藉口，今於租界公共之地，復侵華官自理之全，流弊何所底止。且無劃一刑律，不中不外，小民受此荼毒，爲之惻然。」〔註23〕故修定法律館開館後，沈家本等即開始著手改革晚清刑律。

晚清刑律的改革，大致可分爲兩個階段：第一階段是 1902 年～1905 年，爲準備和改造舊律的階段。對《大清律例》的改造工作，於 1905 年 4 月完成，共刪除例文 345 條，並由修訂法律大臣沈家本、伍廷芳奏請朝廷予以公佈。第二階段是 1906 年～1911 年，爲新律的制定階段。1907 年 10 月，完成《大清新刑律草案》初稿，但遭到了守舊官僚的抵制，不得已重新修訂；期間，經過編訂、修改的《大清現行刑律》作爲過渡性的法律，於 1910 年 5 月奉旨頒行；與此同時，《大清新刑律草案》經過修改，更名爲《大清新刑律》提交資政院議決，於 1911 年頒行。

有學者將晚清時期的刑法領域的變革細分爲三個時代，我認爲具有相當的參考價值，茲照錄如下：「（甲）舊律時代，自國初至光緒二十八九年間爲止。所奉行者，爲原有之《大清律例》，實悉本《唐律》及《明律》之舊，分吏、戶、禮、兵、刑、工等總目而爲六，又分爲名例職制公式，至斷獄、營造、河防等門目爲三十，更分子目爲四百三十有六，以律爲本，例各隨之。（乙）現律時代，自光緒二十九年後至宣統三年爲止。所奉行者，爲《大清律例》已修改之現行律例。蓋舊律承自前明，實始有唐，歷千餘年，多不合於現時之應用。如流囚家屬、私出外境、違禁下海、封禁礦山、朝見留難、文官不許封公侯等條，均成虛設。官制既改，又不得不廢六律之名，而廢凌遲、梟首、戮屍等殘酷之刑，及免緣坐、除刺字，尤爲仁政所暨。笞杖改爲罰金，徒流均免實發，改爲工作。廢死罪之虛擬，改並律定之笞、杖、徒、流、死及例定之軍遣，而爲死、遣、流、徒、罰之五種，禁人口賣買。廢關於奴婢奴僕之條例、改減蒙古例，訂滿漢通行刑律，刪除族籍與民人輕重互異之條。變通秋審之制，又另增私鑄銀元、竊毀鐵路對象及揭損郵票等各專律，均爲此數年間刑法上沿革之大略。（丙）新律時代，自豫定宣統四年實行以後，至於將來自屬之。新刑律草案，由修訂法律館起草，自光緒三十三年八月告成。經各部及各省簽注，加以修正，復經憲政編查館核訂，經資政

〔註23〕呂還寰、伍廷芳：《奏滬會審公廨情形黑暗請定章程片》，見丁賢俊、喻作鳳編：《伍廷芳集》（上冊），中華書局，1993 年版，第 230 頁。

院第一期議會議決通過總則，而分則不及議畢，於宣統二年十二月一併奉旨頒佈。雖聲明仍可提議修正，而大致無甚變更。其調查考訂之事，雖出於日本岡田朝太郎者爲多，而歸安沈公實始終主持其事，溝合新舊，貫通中外，爲現時最新最完備之法典。」〔註24〕

（一）沈家本與晚清舊刑律的改造

根據乾隆定制，清朝修律，例則五年一小修，十年一大修，修律分刪除、修改、修并、移並和續纂五項，但律文不能改動。鴉片戰爭以來，清政府對《大清律例》共進行了四次修訂，自同治九年（1870 年）最後一次修訂後，就再也沒有進行例行修訂。沈家本等受命考訂「一切現行律例」後，首先認識到刪除現存律例中的部分條款，是改造舊律的第一步。修訂律例館通過對《大清律例》的悉心考訂，將「定例係一時權益，今昔情形不同者；或業經奏定新章，而舊例無關引用者；或本條業已賅載，而別條另行復敍者；或舊例久經停止，而例內仍行存載者」〔註25〕全部刪除。經過一年的時間，到光緒三十一年（1905 年）這項工作順利完成，共刪除例文 344 條，由於這種刪除並沒有超越歷次修改範圍，因此經修訂法律大臣沈家本、伍廷芳奏請朝廷後得以頒行。沈家本擬將後續的修改、修并、移並和續纂等工作一併完成，然「未及屬稿，適值更改官制，從前提調總纂各員，有擢升外任者，有調赴他部者」，舊例改造工作只好「暫行中止」。〔註26〕

修訂《大清律例》的工作暫停後，修訂刑律的工作並沒有停止。修訂法律館借鑒「各國修訂法律，大率於新法未布，設單行法，或淘汰舊法之太甚者，或參考外國之可行者，先布國中，以新耳目」〔註27〕的通行辦法，採取單獨立法的方式，繼續對舊律進行改造。沈家本等繼續通過迻譯國外刑法典，研讀西方近代刑法學著述，比較《大清律例》，認爲廢除現行刑律中的重刑規

〔註24〕秦瑞玠：《大清新刑律釋義序》，見柳詒徵著：《中國文化史》（下），上海古籍出版社，2001 年版，第 925～926 頁。

〔註25〕沈家本：《修訂法律大臣奏請將例內應刪各條分次開單進程摺》，見北京政學社編：《大清法規大全‧法律部》（卷二）。

〔註26〕沈家本：《修訂法律大臣沈家本等奏請編訂現行刑律以立推行新律基礎摺》，請參見故宮博物院明清檔案部編：《清末立憲籌備檔案史料》（下），中華書局，1979 年版，第 852 頁。

〔註27〕沈家本：《刪除律例內重法摺》，見李光燦著：《評寄簃文存‧並載：〈寄簃文存〉卷一》，群眾出版社，1985 年版，第 192 頁。

定，乃是修訂法律必須解決的迫切問題。光緒三十一年三月二十日，沈家本、伍廷芳聯銜向清廷上《奏刪除律例內重法摺》，指出：「臣等以中國法律與各國參互考證，各國法律之精意，固不能出中律之範圍，第刑制不盡相同，罪名之等差亦異。綜而論之，中重而西輕者爲多，蓋西國從前刑法較中國尤爲殘酷，近百數十年，經律學家幾經討論，逐漸改而從輕，政治日臻美善。故中國之重法，西人每訾爲不仁。其旅居中國者，皆藉口於此，不受中國之約束。夫西國首重法權，隨一國之疆域爲界限，甲國之人僑寓乙國，即受乙國之制裁，乃獨於中國不受制裁，轉予我以不仁之名。此亟當幡然變計者也。方今改定商約，英、美、日、葡四國，均允中國修訂法律，首先收回治外法權，實變法自強之樞紐。臣等奉命考訂法律，恭繹諭旨，原以墨守舊章，授外人以口實，不如酌加甄採，可默收長駕遠馭之效。現在各國法律，既已得其大凡，即應分類編纂，以期剋日成書。而該館員等僉謂宗旨不定，則編纂無從措手。臣等竊維：治國之道，以仁政爲先。自來議刑法者，亦莫不謂『裁之以義而推之以仁』。然則刑法之當改重爲輕，固今日仁政之要務，而即修訂之宗旨也。」〔註28〕

　　基於上述認識，他們提出擬將現行律例內最重之法三事，亟應先議刪除。一曰淩遲、梟首、戮屍；「擬請將淩遲、梟首、戮屍三項一概刪除，死罪至斬決而止。凡律內淩遲、斬梟各條俱該斬決，斬決各條俱該絞絕，絞絕俱該絞候，人於秋審，情實。暫候俱該絞候，與絞絕人犯仍入於秋審，分別實緩。將來應否酌量變通，再由臣等拓議核定。或謂此等重法，所以處窮兇極惡之徒，一旦裁除，恐無以昭炯戒。顧有唐三百年不用此法，未聞當日之兇惡者獨多。且貞觀四年斷死罪二十九，開元二十五年才五十八，其刑簡如此。乃自用此法以來，兇惡者，仍接踵於世，未見其少，則其效可睹矣！化民之道，固在政教，不在刑威也。」二曰緣坐：「今世之國，咸主持刑罰止及一身之義，與『罪人不孥』之古訓，實相符合，洵仁政之所當先也。擬請將律緣坐各條，除知情者仍治罪外，其不知情者，悉與寬免。餘條有科及家屬者準此。」三曰刺字：「夫肉刑久廢，而此法獨存。漢文所謂『刻肌膚痛而不德』者，正謂此也。未能收弼教之益，而徒留此不德之明，豈仁政所宜出此？擬請將刺字款目，概行刪除。凡竊盜皆令收所習藝，按罪名輕重，定以年限，俾一技能

〔註28〕沈家本：《刪除律例內重法摺》，見李光燦著：《評寄簃文存·並載：〈寄簃文存〉卷一》，群眾出版社，1985年版，第189～190頁。

嫺，得以糊口，自少再犯三犯之人，一切遞解人犯，嚴令地方官認真僉差押送，果能實力奉行，逃亡者自少也。」〔註29〕

故「以上三事，皆中法之重者。參諸前人之論說，既多議其殘苛；而考諸今日環球各國，又皆廢而不用。且外人訾議中法之不仁者，亦惟此數端為最甚。此而不思變通，則欲彼這就我範圍，不猶南轅而北轍乎？」奏章中，他們還援引近代日本的範例，進一步山名刪除重法、改重為輕的可能性：「近日日本明治維新，亦以改律為基礎，新律未頒，即將磔罪、梟首、籍沒、墨刑先後廢止，卒至民風丕變，國勢乎日盛，今且為亞東之強國矣。中、日兩國，政教同、文字同，風俗習尚同，借鑒而觀，正可無庸疑慮也。」沈家本、伍廷芳的奏摺，深受朝廷重視，不久，內閣奉上諭允准頒行。〔註30〕李光燦先生對沈家本、伍廷芳這這個奏章評價甚高，認為這一奏議順應時代前進的潮流，反映了他們作為新的中國民族資產階級法律思想的代表，作了一定程度上改革封建刑法殘酷重刑的第一次嘗試，而從奏議的內容看，具有一定程度的資產階級法律改革的進步性。〔註31〕的確，這份奏摺可謂是清末法律改革的綱領性文件，清末修律的各項具體步驟基本上就是按照此折涉及的方案進行的，有力地推動了清末修律的進程。

此後，沈家本或單獨或聯名向清廷提出了一道又一道奏議，建議進一步改革大清舊有刑律。譬如奉清廷之命核議劉坤一、張之洞提出的關於省刑責的建議，劉坤一、張之洞認為濫用刑訊，「敲撲呼號血肉橫飛，最為傷和害理，有悖民牧之義。地方官相沿已久，漠不動心。夫民雖當存哀矜，供情未定，有罪與否，尚不可知，理宜詳慎。況輕罪一售，當時如法懲儆，日後仍望其勉為良民，更宜存其廉恥。擬請以後除盜案、命案證據已確而不肯認供者，准其刑嚇外，凡初次訊供時，及牽連人證，斷不准輕加刑責，其笞、杖等罪，應由地方官體查情形，酌量改為羈禁或數日或數旬，不得凌虐久矣。」〔註32〕

〔註29〕 沈家本：《刪除律例內重法摺》，見李光燦著：《評寄簃文存·並載：〈寄簃文存〉卷一》，群眾出版社，1985年版，第190～192頁。

〔註30〕 沈家本：《刪除律例內重法摺》，請參見李光燦著：《評寄簃文存·並載：〈寄簃文存〉卷一》，群眾出版社，1985年版，第192～193頁。

〔註31〕 請參見李光燦著：《評寄簃文存·卷一：奏議》，群眾出版社，1985年版，第4頁。

〔註32〕 劉坤一、張之洞：《遵旨籌議變法謹擬整頓重法十二條摺》，見苑書義、孫華峰、李秉新主編：《張之洞全集》（第二冊），河北人民出版社，1998年版，第1417頁。

沈家本、伍廷芳於光緒三十一年三月二十日上《奏核議恤刑刑獄各條摺》，贊同省刑責、重眾證、修監羈、派專官等四條。光緒閱看他們的奏摺後，隨批「依議」，同意他們的意見，並於次日下諭：「昨據伍廷芳、沈家本奏，議覆恤刑獄各條，請飭禁止刑訊拖累，變通笞杖辦法，並請查監獄羈所等條，業經降旨依議。」〔註33〕同年四月二日，沈家本、伍廷芳又上《奏變通竊盜條款摺》，主張取消對盜竊罪的罰金制度，而代以習藝，盜竊應擬笞杖者改爲工作；四月十七日，上《寬免徒流加杖片》，請求免除徒流罪犯到配所後的杖責以及對強竊盜犯父兄的杖責；九月初二日，上《變通婦女犯罪收贖銀數摺》，建議統一國家法制，改革婦女犯罪收贖銀制度；十六日，又上《申明新章摺》，要求各地停止繼續刑訊，執行新章程。光緒三十二年四月初二日，沈家本、伍廷芳上《虛擬死罪改爲流徒摺》，奏請將《大清律例》內定位死罪，但事實上並不執行的罪名，即「虛擬死罪而秋審擬緩者，莫如戲殺、誤殺、擅殺三項」，改爲流、徒，「總期由重就輕，與各國無大懸絕。」四月十九日，伍廷芳請假回籍修墓，此後修律工作由沈家本單獨主持。同年閏四月二十一日，沈家本爲答覆刑部撰《禁革買賣人口變通舊例議》一文，主張廢除奴婢律例：「我朝振興政治，改訂法律，百度維新，獨買賣人口一端，即爲古昔所本無，又爲環球所不齒。擬請特沛殊恩，革除此習。嗣後無論滿、漢關於及軍民人等，永禁買賣人口，如違，買者、賣者，均照違制律治罪。」沈家本還擬定十一條具體措施以利實施。此外，沈家本還相繼提出《刪除奴婢律例議》、《軍臺議》、《與受同科議》、《變通行刑舊制議》等奏議，並且兩次上書，主張統一滿漢法律，對大清舊刑律中不合時宜處進行積極的改造。〔註34〕

（二）沈家本與《大清現行刑律》的編訂

自朝廷頒旨修訂刑律以來，在沈家本的主持下，修定法律館對《大清律例》進行了改造，取得了不少成果。根據朝廷的諭旨和改革意圖，刑律改革的最重成果將是一部中西合璧的新型刑律，然沈家本等奏請的新刑律草案卻受到了多方指責，無法頒行。爲了做好新律與舊律之間的銜接工作，沈家本認爲有必要對《大清律例》進行全面的改造，編訂《大清現行刑律》以作爲

〔註33〕請參見張國華、李貴連編著：《沈家本年譜初稿》，北京大學出版社，1989 年版，第 92～96 頁。

〔註34〕以上請參見張國華、李貴連編著：《沈家本年譜初稿》，北京大學出版社，1989年版，第 96～127 頁。

過渡性的刑法。光緒三十三年正月二十九日，沈家本等向清廷上《奏請編訂現行刑律以立推行新律基礎摺》，奏：「竊維新政之要，不外因革兩端，然二者相衡，革難而因易，誠以慣習本自傳遺，損益宜分次第，初非旦夕所能責難也。方今瀛海交通，儼同比伍，權力稍有參差，強弱因之立判，職是之故，舉凡政令、學術、兵制、上午，幾有日趨於同一之勢，是以臣家本上年進呈新律，專以折衝樽俎，模範列強為宗旨。惟是刑罰與教育互為盈肉，如教育未能普及，驟行輕典，似難收弼教之功，且審判人才，警察之規程，監獄之制度，在與刑罰相維繫，雖經漸次培養設立，究未悉臻完善。論擅遷之理，新律固為後日所必行，而實施之期，殊為急迫可以從事。參日本未行新刑法以前，折衷我國刑律，頒行新律綱領，一洗幕府武健嚴酷之風，繼復酌采歐制，頒行改訂律例三百餘條，以補綱領所未備，維持於新舊之間，成效昭著。故臣等陳奏開館辦事章程折內，擬請設編案處，刪訂舊有律例及編纂各項章程，並額設總纂、纂修、協修等職，分司其事等因。均仰蒙俞允，欽遵在案。伏查乾隆年間定章，修例年限，五年小修一次，又五年大修一次，大致分修改、修并、續纂、刪除四項，依次編訂。自同治九年而後未能依限纂修。光緒二十九年，臣家本在刑部左侍郎任內，奏請刪訂，嗣於三十一年先將刪除一項，綜計三百四十五條，分期繕單進呈。其修改、修并、續纂三項，未及屬稿，適值更改官制，從前提調總纂各員，有擢升外任者，有調赴他部者，暫行中止。現在新律自頒佈，尚須時日，則舊律之刪訂，萬難再緩，臣等公同商酌，擬請踵續其事，以竟前功。」〔註35〕

在奏摺中，沈家本還提出了編訂《大清現行刑律》的四條基本原則。一曰總目宜刪除：「刑律承明之舊，以六曹分職，蓋沿用元聖政典章及經世大典諸書，揆諸名義，本嫌未安，現今官制或已改名，或經歸併，與前迥異，自難仍繩舊式，茲擬將吏、戶、禮、兵、刑、工諸目一律刪除，以昭劃一。」二曰刑名宜釐正：清朝刑名「迭屆變通，漸趨寬簡，質言之，即死刑、安置、工作、罰金四項而已，而定案時因律例未改，仍復詳加原因，偶一疏忽，舛迕因之，似非循名覆實之義。茲擬將律例內各項罪名，概從新章厘定，以免紛歧。」三曰新章宜節取：「新章本為未纂定之例文，惟自同治九年以來垂四

〔註35〕沈家本：《修訂法律大臣沈家本等奏請編訂現行刑律以立推行新律基礎摺》，見故宮博物院明清檔案部編：《清末立憲籌備檔案史料》（下），中華書局，1979年版，第852頁。

十年，通行章程，不下百有餘條，閱時既久，未必盡合於今。茲擬分別去留，其爲舊律所無，如毀壞電杆、私鑄銀圓之類，擇出纂爲定例，若係申明舊律，或無關議擬罪名，或所定罪名復經加減者，無庸編輯。」四曰例文宜簡易：「律文垂一定之制，例則因一時權宜量加損益，故歷代文法之名，唐於律之外有令及格式，宋有編敕，自明以大誥會典間刑條例附人律後，律例始合而爲一。理念增輯，寖而至今，幾及二千條以下，科條既失這浩繁，研索自艱於目力，雖經節次刪除，尚不逮十之一二。其中與現今情勢未符者，或另定新章，例文已成虛設者，或係從前專例無關引用者，或彼此互見，小有出入者，不勝枚舉。凡此之類，擬請酌加刪並，務歸簡易。」〔註 36〕沈家本的這道奏摺，得到了清廷的照准。經過一年多的工作，宣統元年八月二十九日，《大清現行刑律》初稿編制完成，沈家本、俞廉三聯銜上疏，呈進清單，共計編訂律文414 條，例文 1066 條。經憲政編查館核議，勘正 260 條。後又經反覆修正，最後定本：律文 389 條，例文 1327 條，附《禁煙條例》12 條，《秋審條例》165 條，並於翌年正式頒行。

　　總的看來，《大清現行刑律》仍是一部封建式的刑法典，保留了反映封建刑律特點的諸多內容，大量保留了原先大清律例中維持專制皇權、封建等級制度、封建綱常禮教的相關規定。但儘管如此，《大清現行刑律》也體現了許多進步的特點：首先在體例上突破了按六部劃分的傳統，主文分爲三十門，次第爲：名例、職制、公式、戶役、田宅、婚姻、倉庫、課程、錢債、市廛、祭祀、禮制、宮衛、軍政、關津、郵驛、盜賊、人命、鬥毆、罵詈、訴訟、受贓、詐僞、犯奸、雜犯、捕亡、斷獄、營造、河防。這種分門別類的編輯方式，已經接近了近代以罪名爲章名的體例。其次是《大清現行刑律》吸收了前期舊律改革的成果，刪除了舊律中的部分重刑和刑訊的相關規定。再者是《大清現行刑律》刪除了近代以來已經解禁或者與新政不符合的有關規定，譬如禁止民人出海、開礦等；同時，根據社會發展，增設了若干新的罪名，譬如毀壞電杆、鐵路等，反映了時代的特色。總之，作爲被譽爲集晚清舊律改革之大成的《大清現行刑律》，可謂是中國封建社會歷代刑律中最爲進步的一部法典。

〔註36〕沈家本：《修訂法律大臣沈家本等奏請編訂現行刑律以立推行新律基礎摺》，見故宮博物院明清檔案部編：《清末立憲籌備檔案史料》（下），中華書局，1979 年版，第 852～853 頁。

（三）沈家本與《大清新刑律》的制定

在刪修《大清律例》、編訂《大清現行刑律》的同時，沈家本主持的法律修訂館在日本法學博士岡田朝太郎的協助下，抓緊編纂大清新刑律。關於修訂新刑律，沈家本曾上疏曰：「綜翻譯調查之全者，則為編纂古律，敘次具有義例，名例本刑名法例之約詞，與各國刑法總則無異，北齊律十二章，隱以國政民事分編，與各國刑律目次頗合，臣與館員參考古今，擬準齊律之目，兼采各國律意，析為總則、分則各編，令館員依類編纂，臣司匯付，所有總則一編，由臣安訂後，擬即繕具清單，恭呈御覽。此外分則各編，初稿已具，必須悉心推勘，方可成書。」〔註37〕在沈家本的主持下，經過了艱苦卓絕的大量工作，四易其稿，修定法律館終於於光緒三十三年八月修成《大清新刑律草案》。是年八月二十六日，沈家本以修律大臣和法部右侍郎的身份向朝廷呈遞《奏刑律草案告成分期繕單呈覽並陳修訂大旨摺》，詳細闡述了修訂新刑律相關事宜。

是折中，沈家本首先闡述了編訂新刑律的背景與理由：一是「國家既有獨立體統，即有獨立法權，法權向隨領地以為範圍。各國通例，惟君主大統領，公使之家屬從官，及經承認這軍隊、軍艦有治外法權，其餘僑居本國之人民，悉遵本國法律之管轄，所謂屬地主義是也。獨對於我國藉口司法制度未能完善，予領事以裁判之權，英規於前，德踵於後，日本更大開法院於祖宗發祥之地，主權日削，後患方長。此必於時局不能改也。」二是「方今各國政治日躋於大同，如和平會、赤十字會、監獄協會等，俱以萬國之名組織成之。近年我國亦有遣使入會之舉，傳聞此次海牙之會，以我國法律不同之故，抑居三等，敦槃減色，大體攸關。以鑒於國際不能不改者也。」三是「景教流行，始於唐代，有大秦、摩民、襖神之別，言西教者喜為依託。自前明以至國初，利瑪竇、熊三拔、湯若望、南懷仁之流，借其教學傳教中國，速信從者眾，而與現在情形迥異。教案為禍之烈，至今而極，神甫、牧師勢等督撫，入教愚淺氣凌長官，凡遇民教訟案，地方暗於交涉，黜於因應。審判既失其平，民教之相仇益亟。蓋自開海禁以來，因鬧教而上殆君父之憂者，言之滋痛。推原其故，無非因內外國刑律之輕重失宜有以釀之。此懲於教案

〔註37〕沈家本：《修訂法律大臣沈家本奏修訂法律情形並請歸併法部大理院會同辦理摺》，見故宮博物院明清檔案部編：《清末立憲籌備檔案史料》（下），中華書局，1979 年版，第 838 頁。

－92－

而不得不改者也。」〔註38〕

　　基於上述分析，沈家本提出了編訂新律的五項具體主張：一曰「更定刑名」。即將「自隋開皇定律，以笞、杖、徒、流、死五刑」，改爲「死刑、徒刑、拘留、罰金四種，其中徒刑分爲無期、有期」。二曰「酌減死罪」。亦即參鑒唐律及國初並各國通例，酌減死罪：「死刑僅限於大逆、內亂、外患、謀殺、放火等項」，對「因囿於中國之風俗，一時難予驟減者，如強盜、搶奪、發冢之類，別輯暫行規章，以存其舊」，其餘則「視人民程途進步，一體改從新律」。三曰「死刑惟一」。舊律死刑以斬、絞分重輕，俱慘絕人寰，故擬改正舊律死刑執行方法多且慘之狀況，參鑒各國死刑執行方式，「茲擬死刑僅用絞刑一種，仍於特定之行刑場所秘行之。如謀反大逆即謀殺祖父母、父母等條，俱屬罪大惡極，仍用斬刑，則別輯專例通行」。四曰「刪除比附」。亦即改正因舊律設援引比附而導致「司法而兼立法」、「審判不能統一」的狀況，實用罪刑法定，「刪除此律，而各刑酌定上下之限，憑審判官臨時審定，並別設酌量減輕、宥恕減輕各例，以補其缺。雖無比附之條，而援引之時亦不致爲定例所縛束」。五曰「懲治教育」。亦即借鑒西方刑事責任能力制度，充分發揮刑法的懲治與教育功能，確定「刑事丁年爲十六歲以上」，由於刑罰乃爲最後之制裁，故而「丁年以內乃教育之主體，非刑罰之主體」，並採用德、英等國的方法，設立懲治場，「以冀漸收感化之效，明刑弼教」。〔註39〕

　　沈家本提出的編訂新刑律的五條原則，反映了近代刑法文明的發展趨向，具有一定的先進性。沈家本自己認爲，新刑法草案雖然折衷各國大同之良規，兼采近世最新之學說，但是「仍然不戾乎我國歷世相沿之禮教民情」，禮教條款在新律中仍然佔有很大比例。然而，由於修訂法律館根據上述原則制定的刑律草案，在一定程度上還是違背了中國千百年來的的封建禮教和綱常，遭到了以張之洞爲首的禮教派們的強烈反對和猛烈攻訐，要求對新刑律草案有違禮教處詳愼互校，修改刪除「倘有失當，以致害倫傷紀，綱紀全隳，

〔註38〕沈家本：《修訂法律大臣沈家本奏刑律草案告成分期繕單呈覽並陳修訂大旨摺》，見故宮博物院明清檔案部編：《清末立憲籌備檔案史料》（下），中華書局，1979年版，第846頁。

〔註39〕沈家本：《修訂法律大臣沈家本奏刑律草案告成分期繕單呈覽並陳修訂大旨摺》，見故宮博物院明清檔案部編：《清末立憲籌備檔案史料》（下），中華書局，1979年版，第846～849頁。

實於世道人心大有關係」，〔註40〕甚至指責沈家本等勾結革命黨人，心存反叛之意，要求朝廷嚴辦。

這樣經過一年多的激烈爭辯，清政府在宣統元年正月二十七以上諭的方式確定了修訂新刑法的宗旨：「刑法之源，本乎禮教。中外各國禮教不同，故刑法亦因之而異。中國素重綱常，故於干犯名義之條，立法特爲嚴重。良以三綱五常，闡自唐虞，聖明帝王，兢兢保守，實爲數千年相傳之國粹，立國之大本。今寰海大通，國際每多交涉。故不宜墨守故常，致失通變宜民之義，但只可采彼之常，益我所短。凡我舊律義關倫常諸條，不可牽行變革，庶以維天理民彝於不蔽。該大臣務本此意，以爲修改宗旨，是爲至要」。〔註41〕明確要求沈家本等修訂新刑律不許擅改舊律之「義關倫常」，不得改變三綱五常之「國粹」與「立國之大本」。沈家本和修訂法律館遵旨修改，「於有關倫紀各條，都加重一等刑罰」，然後送交法部審閱。法部尚書廷傑認爲修改力度不夠，以「中國名教必須永遠奉行勿替者，不宜因此致綱紀蕩然」，〔註42〕在正文後面又加上《附則》五條，明確規定不能蔑棄有關倫紀禮教的條款。修改後的草案定名爲《修正刑律草案》，宣統二年修訂法律館將之提交憲政編查館核查，卻又引起了法理派和禮教派的更爲激烈的衝突。時張之洞已經作古，因而使得以沈家本爲主的法理派敢於正面反擊，闡述他們的論點。據當時參加修律的江庸後來回憶說：當刑法草案告成提交資政院決議之頃，朝野之守舊者，將法制與禮教觀念混而爲一，多不慊於新法，群起而譏議之。……在守舊者之攻擊下，新律幾有根本推翻之勢。沈家本憤概異常，獨當其衝，著論痛駁。岡田朝太郎、松岡義正、董康及憲政編查館法律館諸人，亦助沈氏辭而辟之。〔註43〕這樣又經過幾番激辯和幾番周折，宣統二年十二月二十五日，清廷終於頒佈上諭：「新刑律頒佈年限定自先朝籌備憲政清單，現在開設議院之期已經縮短，新刑律尤爲憲政重要之端，是以續行修正清單亦定位本年頒佈，事關籌備年限，實屬不可緩行。著將新刑律總則、分則暨暫行章程

〔註40〕 朱壽朋編：《光緒朝東華錄》，中華書局，1984 年版，第 5911 頁。
〔註41〕 《修改新刑律不可變革義關倫常各條諭》，見故宮博物院明清檔案部編：《清末立憲籌備檔案史料》（下），中華書局，1979 年版，第 858 頁。
〔註42〕 《欽定大清律例》卷前奏疏，轉引自李貴連著：《沈家本評傳》，南京大學出版社，2005 年版，第 246 頁。
〔註43〕 請參見江庸：《五十年來中國之法制》，轉引自李貴連著：《沈家本評傳》，南京大學出版社，2005 年版，第 247 頁。

先爲頒佈，以備實行」，〔註44〕至此，《大清新刑律》正式頒行。

　　《大清新刑律》共分總則和分則兩編，53 章，411 條，另附《暫行章程》5 條。總則分爲 17 章，88 條，主要規定了時間效力和空間效力；罪刑法定、刑事責任年齡、刑事責任能力、正當防衛和緊急避險等；未遂、累犯、共犯等；刑罰種類分主刑和從刑等；刑罰的運用包括累犯加重、數罪俱罰、自首、宥減、酌減、緩刑、假釋、刑罰的加重和減輕等；提出公訴權和行刑權的實效以及中斷等。分則共 36 章，323 條，將各種刑事違法行爲概括爲 40 多種罪名，列述罪狀和規定相應刑罰。《暫行章程》5 條規定加重處罰侵犯皇室和侵犯尊親屬罪等，則集中體現了封建的倫常禮教。

　　在我看來，《大清新刑律》與中國傳統的刑事法律有很大的不同，而是一部具有了資本主義的性質的刑法典。首先在內容上，採用了近代西方的罪刑法定原則，刪除比附；採用了近代資產階級的刑罰制度，廢除了封建酷刑；確立了主刑和從刑相結合的刑名體系等。從形式上看，採用了歐洲和日本刑罰的編纂體例，徹底打破了中國傳統諸法合體的法律體系，確立了總則和分則所構成的刑罰體例。當然，在新刑律中仍然保留了維護封建倫理的相關條款，因之它是近代資產階級法理和封建禮教刑制的混合物，但《大清新刑律》的制定和頒佈，還是具有刑法史的進步意義，標誌著中國刑罰向近代化邁出了一大步。

三、沈家本與晚清民商法領域的變革

　　古代中國是一個以王權社會，國家法完全控制在以君主爲中心的中央政權手中，一般民眾完全沒有表達自己觀點的可能。在統治者看來，法律就是規範民眾的手段，民眾只需服從和遵守，法律和民眾的關係就如盤子和水的關係：「盤圓水圓，盤方水方」。爲了達到規範民眾的目的，統治者使用的主要手段便是懲戒，因此中國傳統的法律刑法非常發達，其它的社會規範則寓於刑法之中。古代中國雖然民事法律規範以及民事習慣十分豐富，但是古代中國一直缺乏相對獨立的自成體系的民法典形態，這就是前文所謂的「諸法合體、重刑輕民」。受這種「重刑輕民」傳統的影響，在晚清的法律改革中，刑律的改革和修訂被擺在了首位。事實上，早在光緒三十一年九月的《奏訂

〔註44〕《欽定大清律例》卷前奏疏，轉引自李貴連著：《沈家本評傳》，南京大學出版社，2005 年版，第 273 頁。

新律摺》中，伍廷芳、沈家本就派員赴日本考查法制刑制時曾提出：「凡該國修訂之沿革，頒佈之次第，以及民事、刑事之所以分判，並他項規則之關於刑政為譯書內所未賅載者，俱可得其要領」，〔註45〕這裡顯然已經注意到了民事與刑事之區別。在對晚清修律影響極大的江楚會奏三折中，劉坤一和張之洞就明確提出要制定礦律、路律和商律：「為中國編纂簡明礦律、路律、商律、交涉、刑律若干條，分列綱目，限一年內纂成」，〔註46〕並得到了清廷的同意。而隨著《大清新刑律草案》的編成，中國傳統的諸法合體的法律體系被打破，開始了法律部門專門化的進程。

（一）沈家本與晚清商律的制定

從晚清民商法的立法進程的順序上來看，商法早於民法。鑒於當時清政府與西方列強交涉日益頻繁，為了解決中外通商中出現的各種新問題，光緒二十九年三日二十五日，清廷下諭命令載振、袁世凱、伍廷芳先定商律，作為則例。是年七月，清廷設立商部，任命伍廷芳為商部左侍郎。伍廷芳等在籌議制定商律過程中，深感有從速先定《公司律》之必要：「當以編輯《商律》，門類繁多，實非克期所能告成。而目前要圖，莫如籌辦各項公司，力祛曩日渙散之弊，庶商務日有起色，不必坐失權利，則公司條例亟應先為妥訂，俾商人有所遵循。而臣部遇事維持，設法保護，亦可按照定章核辦，是以趕速先擬《商律》公司一門，並於卷首冠以《商人通例》。」〔註47〕是年十二月五日，編訂完畢的《商人通例》和《公司律》定名為《欽定大清商律》正式頒行。

鑒於「清末五口通商以後，中外貿易頻繁，都市商業日趨發達，商人因經營失敗，資本虧折，不能清償債務者遂時有所聞。彼時既無破產法規可資根據，多由商人團體協議清理，或由地方官吏強制執行。惟以此種事情，因無成文法律，處理終感困難，應謀所以救濟之道」，〔註48〕商部又將擬訂破

〔註45〕 沈家本：《奏修訂法律大概辦法摺》，見張國華、李貴連編著：《沈家本年譜初稿》，北京大學出版社，1989 年版，第 106 頁。

〔註46〕 劉坤一、張之洞：《遵旨籌議變法謹擬採用西法十一條摺》，見苑書義、孫華峰、李秉新主編：《張之洞全集》（第二冊），河北人民出版社，1998 年版，第 1442 頁。

〔註47〕 謝振民編著，張知本校訂：《中華民國立法史》（下冊），中國政法大學出版社，2000 年版，第 803 頁。

〔註48〕 謝振民編著，張知本校訂：《中華民國立法史》（下冊），中國政法大學出版社，2000 年版，第 838 頁。

產律提上了日程。光緒三十二年四月，商部會同修訂法律大臣沈家本、伍廷芳具奏《議訂商律續破產律摺》，闡述了制定破產律的必要性：「竊惟商律之有公司一門，所以使已成之商業，咸得有所維護，乃或因經營未善，或因市價不齊，即不能不有破產之事。而狡黠者往往因緣爲奸，以致弊端百出，貽害無窮。故刑部於光緒二十五年十月間，議覆前兩江總督劉坤一奏奸商倒騙，請照京城錢鋪定例分別辦理折內，申明治罪專條：自枷杖以至軍、流以至永遠監禁。蓋謂近來商情變幻，倒騙之局，愈出愈奇，必如此嚴懲，庶奸商知所畏服。然詐僞倒騙者之出於有心，必與虧蝕倒閉者之出於無奈，雖皆謂之破產，而情形究有不同。詐僞倒騙洵屬可恨，虧蝕倒閉不可無原。若謹以懲罰示儆之條預防流弊，而無維持調護之意體查下情，似於保商之道猶未盡也。茲經臣等督飭司員，調查東西各國破產律，及各埠商會條陳，商人習慣，參酌考訂，成商律之破產一門。由舉董清理，以迄還債銷案，尤注重於倒騙情弊，爲之分別詳議監禁、罰金等項罪名。脫稿後咨送法律大臣，臣家本、臣廷芳會同商定，都凡九節六十九條。繕具清冊，恭呈御覽。」奏摺中還對破產律頒行以後的法律適用問題提出了建議：「如蒙俞允，即作爲欽定之本，由臣部刊刻，頒行各省將軍、督撫、都統、府尹，一體遵照。嗣後遇有倒閉案件，即無須刑部前奏比照京城之例辦理，以免兩岐而照公允。抑臣等查東西各國破產律，有專爲商人而設者，有不專爲商人而設者。臣部責在保商，而此項破產之律，本於民人有相關之義。今中國民法尚未訂定，其有雖非商人破產之案，除依臣家本、臣廷芳編訂之訴訟法辦理外，其餘未賅載者，應准地方官比照本律辦理。是以臣部多訂破產律，准令民間財產赴商會註冊，以備稽查。仍責成地方官握行法之關鍵，而以商會副之。結案後，由地方官詳咨臣部察核，其有關罪名者，並俟年終時，匯咨刑部存案，俾昭鄭重。各省凡有破產之案，個督撫應嚴飭地方官克期完結，不得狃於積習，視錢債爲細故。」〔註49〕奏摺上奏後，均得清廷照准。《破產律》共有九節六十九條，涉及呈報破產、選舉董事、債主會議、清算項目、處分財產、有心倒騙、清償展期、呈報銷案、附則等項內容，於光緒三十二年四月頒行。

　　在預備立憲進程的推動下，晚清商事立法日趨活躍。在此期間還先後制定了《重訂鐵路簡明章程二十四條》、《商會簡明章程二十六條》、《公司註冊試辦

〔註49〕沈家本、伍廷芳：《議訂商律續破產律摺》，見張國華、李貴連編著：《沈家本年譜初稿》，北京大學出版社，1989年版，第119～120頁。

章程十八條》、《礦務章程三十八條》等商事法規。修訂法律館還聘請志田鉀太郎以日本商法爲參照，起草了獨立的《大清商律草案》，於宣統元年完稿，分爲總則、商行爲、公司律、票據法、海船律等五編，1008 條。宣統二年，農工商部根據光緒二十九年之《欽定大清商律》，參酌各地商會根據實際訪查商場習慣、參照各國最新立法例編成的《商法調查案》，修改而成《改訂大清商律草案》，分爲總則和公司兩編，共計 13 章，367 條。此外，清廷還制定了《銀行通行則例》（光緒三十四年）、《儲蓄銀行則例》（光緒三十四年）、《海船法草案》（宣統元年）、《破產律草案》（宣統元年）、《票據法草案》（宣統三年）等一系列單行的商事法律法規，以上法案，某些雖然未能頒行，但也成爲後來立法機關參照的資料，爲近代中國商事立法的發展打下了一定的基礎。

（二）沈家本與晚清民律的制定

　　大清民律的制定，最初是由民政部提出的。光緒三十三年五月，民政部奏請速定民律：「查東西各國法律，有公法私法之分。公法者定國家與人民之關係，即刑法之類是也。私法者肯定人民與人民之關係。即民法之類是也。二者相同，不可偏廢。而刑法所以糾匪僻於已然之後，民法所以防爭僞於未然之先，治忽所關，尤爲切要。各國民法編制各殊，而要旨宏綱，大略相似。舉其犖犖大者，如物權法定財產之主權，債權法堅交際之信義，親族法明倫類之關聯，相續法杜繼承之紛爭。靡不縷晰分，著爲定律。臨事有率由之準，判決無疑似之文。政通民和，職由於此。中國律例，民刑不分，而民法之稱，見於《尚書・孔傳》。歷代律例，戶婚諸條，實近民法，然皆缺焉不完。李悝六篇不載戶律。漢興，增廏戶爲三，北齊析戶婚爲二，國家損益明制，戶例分列七目，共八十二天，較爲完密。然第散見雜出刑律之中，以視各國列爲法典之一者，猶有輕重之殊，因時制宜，折衷至當。非增刪舊律另著專條，不足以昭整齊劃一。恭查上年七月十三日詮釐訂官制預備立憲，並將各項法律詳愼釐訂等因。仰體聖謨，深思職守，竊以爲推行民政，澈究本原，凡必速定民律，而後良法美意，乃得以絜領提綱，不至無所措手，擬請飭下修律大臣斟酌中土人情政俗，參照各國政法，釐訂民律，會同臣部奏准頒行，實爲圖治之要。」〔註50〕同年八月，憲政編查館正式將編纂民法列入修律計劃。按照清廷預備立憲逐年籌備事宜清單的安排計劃，光緒三十四年（預備立憲

第一年）著手編訂民律；光緒三十七年（預備立憲第四年）核定民律；光緒三十九年（預備立憲第六年）頒布新定民律；光緒四十一年（預備立憲第八年）實行民律。宣統繼位後，籌備立憲年限縮短，因而也相應加快了民律的核定與實行進程：宣統三年核定、宣統四年頒行。根據這個精神，沈家本等督飭館員加快起草，聘請日本法學博士志田鉀太郎和松岡義正爲顧問，專任起草民律總則、債權、物權三編，其餘親屬、繼承兩編則由修訂法律館會同禮學館公同起草，並派員調查各省民俗習慣，加緊編纂民律草案。

　　那麼，應該編纂一部什麼樣的民律呢？宣統三年九月，《大清民律草案》編訂完成，在俞廉三等呈遞的關於大清民律草案的奏摺中，將修訂大清民律草案的總之概括爲四條：「一是注重世界最普通之法則。瀛海變通，於今爲盛，凡都邑鉅埠，無一非商戰之場，而華僑之流寓南洋者，生齒日益繁庶，按國際私法，向據其人之本國法辦理。如一遇相互之訴訟，彼執大同之成規，我守拘墟之舊習，利害相去，不可以道里計。是編爲拯斯弊，凡能力之差異，買賣之規定，以及利率時效等項，悉採用普通之制，以均彼我而保公平。二是原本後出最精之法理。學說之精進，由於學說者半，由於經驗者半。推之法律，亦何莫不然，以故各國法律愈後出者，最爲世人注目，義取規隨，自殊剽襲，良以學問乃世界所公，並非一國所獨也。是編關於法人及土地債務諸規定，採用各國新制，既原於精確之法理，自無鑿枘之虞。三是求最適於中國民情之法則。立憲國政治幾無不同，而民情風俗，一則由於種族自觀念，一則由於宗教之支流，則不能強令一致，在泰西大陸尚如此區分，之其爲歐亞禮教之殊，人事法緣於民情風俗而生，自不能強行規撫，致貽削趾就履之誚。是編凡親屬、婚姻、繼承等事，除與立憲相背酌量變通外，或取諸現行法制，或本諸經義，或參諸道德，務期整飭風紀，以維持數千年民彝於不敝。四是期於改進上最有利益之法則。文子有言：君者盤也，民者水也，盤園水園，盤方水方。是知匡時救弊，貴在轉移，拘古牽文，無裨治理。中國法制歷史，大抵稗貶陳編，創例蓋寡。即以私法而論，驗之社交非無事例，徵之條教反之定衡，改進無從，遑謀統一。是編有鑒於斯，特設債權、物權詳細之區別，庶幾循序漸進，冀收一道同風之益。」〔註51〕

<hr>

〔註51〕俞廉三：《修訂法律大臣俞廉三等奏編輯民律前三編草案告成繕冊呈覽摺》，
　　　　見故宮博物院明清檔案部編：《清末立憲籌備檔案史料》（下），中華書局，
　　　　1979年版，第912～913頁。

《大清民律草案》共分總則、債權、物權、親屬、繼承五編，共計三十六章，一千五百六十九條。民律草案的內容大體模仿日本和德國的民法，同時也吸收了中國傳統的某些民事法規。《大清民律草案》的前三編，以日本明治二十九年的民法爲藍本，並參考了德國和瑞士的民法典，採取私有財產權不可侵犯、契約自由、過失致人損害應予賠償等西方國家的民法原則。譬如物權編規定「所有人於法令之限制內得自由使用、收益、處分其所有物」；債權編規定因故意或過失侵害他人利益的應負賠償之義務，債務人必須償還債務，否則債權人可以依法向債務人請求給付等。後《大清民律草案》的後兩編，雖然也採納了近代資產階級民法中某些原則，但更偏重於反映傳統的禮教民俗。譬如它規定了「家政統攝於家長」；婦女只有在「家種無男丁或有男丁而未成年」的情況下，才得以爲家長；婚姻方面規定男子未及三十，女子未及二十五，無論結婚或者離婚都需經家長允許，否則無效；家長擁有對子女的懲戒權等等。這正如俞廉三在上述奏摺中所說的，民律草案一方面「注重世界最普通之法令」和「原本後出最精確之法理」，另一方面，亦「求最適於中國民情」，《大清民律草案》既汲取了近代西方資本主義國家民法的基本原則，也保留了中國部分的封建法統。

雖然《大清民律草案》由於辛亥革命的打響、清王朝的覆滅而未能頒行，但它並未成爲一對廢紙，「它基本反映了在自給自足的自然經濟瓦解的半殖民地半封建社會，發展商品經濟、保護私有財產的需要，因而成爲中國半殖民地半封建社會民法典的藍本。」〔註52〕事實上，民國成立之後的民法編纂工作，完全是以《大清民律草案》爲藍本的。1925 年公佈的《民國民法草案》除第二編債權編改動較大以外，基本上是依據《大清民律草案》編訂而成。其後的《中華民國民法》，也並非另起爐灶，而是對前兩部草案多所參照。〔註53〕有學者這樣評價《大清民律草案》：「通過這一民法典草案，大陸法系民法尤其是德國民法的編纂體例及法律概念、原則、制度和理論被引入中國，對現代中國的民事立法和民法理論產生了深遠的影響，且充分顯示我中華民族如何在外來壓力之下，毅然決定拋棄固有傳統法制，繼受西方法學思潮，以求生

〔註52〕 薛梅卿、葉峰著：《中國法制史稿》，高等教育出版社，1990 年版，第 344頁。
〔註53〕 葉孝信主編：《中國民法史》，上海人民出版社，1993 年版，第 608～641頁。

存的決心，掙扎和奮鬥。」〔註54〕我想這是頗爲中肯的。

四、沈家本與晚清訴訟法領域的變革

　　在中國傳統的法律世界裏，實體法和訴訟法是合於一體的，儘管相關的訴訟法律規範十分豐富，但並不存在獨立的訴訟法。而清末之際，隨著西學東漸，經過政治與法律改革，固有的中華法系開始逐漸式微和解體。在這一宏大的變革進程中，訴訟制度的近代化也取得了一定的突破與進展，盡快制定並頒行一部具有世界水平和本國特色的刑事民事訴訟法典成爲清廷法律改革的一個重要目標。沈家本受命擔任修律大臣以來，在抓緊改造舊律的同時，即著手擬訂編纂訴訟法典。在《奏核議恤刑獄各條摺》和《奏停止刑訊請加詳愼摺》中，就明確提出將來擬應仿照各國，令設訴訟，裁判諸法專章，強調「現在改章伊始，一切未能詳備，必得訴訟法相輔而行，方能推行無阻。」〔註55〕

（一）沈家本與《大清刑事民事訴訟法草案》的初創

　　中國歷史上第一部具有近代意義的訴訟法典，當是清廷於宣統元年頒行的《各級審判廳試辦章程》。然在該法典之前，沈家本等還曾經起草了《大清刑事民事訴訟法草案》，這部法典所未及頒行，卻在中國訴訟法立法史上佔有重要地位。

　　光緒三十二年三月，在《奏進呈訴訟法擬請先行試辦摺》中，沈家本詳述了改革諸法合體的傳統法制、頒行刑事和民事訴訟法緣由和意義。沈家本首先闡述了實體法和程序法的關係：「竊爲法律一道，因時制宜，大致以刑法爲體，以訴訟法爲用。體不全，無以標立法之宗旨；用不備，無以收行法之實功。二者相因，不容偏廢。是以上年臣等議復御史劉彭年停止刑訊摺內，擬請先行編輯簡明訴訟法等因奏明在案。」並指出中國的現有法律無法符合現實的需要：「查中國訴訟斷獄，附見刑律，沿用唐明舊制，用意重在簡括。揆諸今日情形，亟應擴充，以期詳備。泰西各國訴訟之法，均繫另輯專書，復析爲民事、刑事兩項。凡關於錢債、房屋、地畝、契約以索取、賠償者，隸諸民事裁判；關於叛逆、僞造貨幣官印、謀殺、故殺、搶劫、竊盜、詐欺、

〔註54〕梁慧星著：《民法總論》，法律出版社，1996年版，第17頁。
〔註55〕請參見沈家本、伍廷芳：《奏核議恤刑獄各條摺》、《奏停止刑訊請加詳愼摺》，見丁賢俊、喻作鳳編：《伍廷芳集》（上冊），中華書局，1993年版，第266、271頁。

恐嚇取財及他項應遵刑律擬定者，隸諸刑事裁判。以故斷獄之制秩序井然，平理之功如執符契。」沈家本還進一步以日本為例闡述了訴訟法立法的必要性：「日本舊行中律，維新而後，踵武泰西，於明治二十三年間，先後頒行民事、刑事訴訟等法，卒使各國僑民歸其鈐束，藉以拘回法權。推原其故，未始不由於裁判、訴訟咸得其宜。」況且對外交往的日益頻繁，也需要制定獨立的訴訟法：「中國華洋訟案，日益繁多，外人以我審判與彼不同，時存歧視；商民又不諳外國法制，往往疑為偏袒，積不能平，每因尋常爭訟細故，釀成交涉問題，比年以來，更僕難數。若不變通訴訟之法，縱令令事事相仿，極力追步，眞體雖充，大用未妙，於法政仍無劑也。」沈家本還從中國固有的法律文化中尋找依據，建議應當將刑事訴訟法和民事訴訟法區分開來，並提出了制定《大清刑事民事訴訟法草案》應遵循的原則：「中國舊制，刑部專理刑名，戶部專理錢債、田產、微有分析刑事、民事之意。若外省州縣，俱係以一身兼行政司法之權，官制攸關，未能驟改。然民事、刑事性質各異，雖同一法庭，而辦法要宜有區別，臣等從事編輯，悉心比絜，參歐美之規制，款目繁多，於中國之情形未能盡和。謹就中國現時之程度，公同商定闡明訴訟法，分別刑事、民事，探討日久，始克告成。」〔註56〕在這裡，沈家本闡明了編訂訴訟法的重要性，提出了制定中國訴訟法的基本理路。

不僅如此，沈家本他們還參酌各國訴訟法，主張在中國建立陪審團制度和律師制度，他們認為這兩者為「各國通例，我國亟應取法者」。關於設立陪審員制度，沈家本認為「考《周禮·秋官》，司刺掌三刺之法，三刺曰訊萬民，萬民必皆以為可殺，然後施上服下服之刑。此法與孟子『□人殺之』之旨隱相吻合，實為陪審員之權輿。秦漢以來，不聞斯制。今東西各國行之，實與中國古法相近。誠以國家設立刑法，原欲保良善而警凶頑，然人情乖張為幻，司法者一人，知識有限，未易周知，宜賴眾人為之聽察，斯真偽易明。若不肖刑官，或有賄縱曲庇，任情判斷及舞文誣陷等弊，尤宜糾察其是非。擬請嗣後各省會並通商巨埠及會審公堂，應延訪紳富商民人等，造具陪審員清冊，遇有應行陪審案件，依本法臨時分別試辦。地如方僻小，尚無合格之人，准其暫緩，俟教育普及，一體舉行。庶裁判悉秉公理，輕重胥協輿評，自無枉縱深故之虞矣。」關於設立律師制度，沈家本認為「中國近來通商各埠，已

〔註56〕沈家本、伍廷芳：《奏進呈訴訟法擬請先行試辦摺》，見張國華、李貴連編著：《沈家本年譜初稿》，北京大學出版社，1989年版，第110～111頁。

准外國律師辦案,甚至公署間亦引諸顧問之列。夫以華人訟案,借外人辯護,已覺扞格不通,即使遇有交涉事件,請其申訴,亦斷無助他人而抑同類之理,且領事治外之權因之更形滋蔓,後患何堪設想。擬請嗣後凡各省法律學堂,俱培養律師人才,擇其節操端嚴,法學淵深額定律師若干員,卒業後考驗合格,給予文憑。然後分撥各省以備萬案之用。如各學堂驟難造就,即遴選各該刑幕之合格者撥入學堂專精斯業。俟考取後酌量錄用,並給予官階,以資鼓勵。總之國家多一公正之律師,即異日多一習練之承審官也」,詳細闡述了中國「宜用律師」的必要性和具體辦法。而以上二者,「俱我法所未備,尤為挽回法權最重之端」。〔註57〕

隨同這份奏摺附上的《大清刑事民事訴訟法草案》共五章二百六十條,此外,另附頒行例三條。第一章為總則,涉及刑事民事之別、訴訟時限、公堂、各類懲罪等;第二章為刑事規則,涉及捕逮、拘票搜查票及傳票、關提、拘留及取保、審訊、裁判、執行各刑及開釋;第三章為民事規則,涉及傳案、訟件之值未及五百元者,訟件之值逾五百元者、審訊、拘提圖匿被告、判案後查封產物、判案後監禁被告、查封在逃被告產物、減成償債及破產、和解、各票及訟費(附訟費表)等;第四章為刑事民事通用規則,涉及律師、陪審員、證人、上控等;第五章為中外交涉案,並附頒行例。

沈家本、伍廷芳的奏摺以及草案呈遞後,由於這種法律的內容和體系均屬新創,清廷並未很快允准,而是於光緒三十二年四月初二日下諭:「法律大臣沈家本、伍廷芳等奏刑事、民事訴訟各法,擬請先行試辦一摺,法律關係重要,該大臣所纂各條究竟於現在民情風俗能否通行,著該將軍、督撫、都統等體察情形,悉心研究其中有無扞格之處,即行縷析條分,據實具奏。原折單均著交給閱看,將此各諭令知之」。要求各地就該法草案簽注評議,提出意見。《大清刑事民事訴訟法草案》發往各地後,遭到了各將軍督撫的強烈反對,清廷於光緒三十二年十月三十日下諭旨「著法部再行核議」。這樣,伍、沈二人的訴訟法草案未及頒行,便就此擱置。儘管如此,《大清刑事民事訴訟法草案》的制定,是近代中國訴訟法領域現代化的第一次嘗試,開晚清建立近代訴訟法的先河。其確立的具有近代意義的審判制度、證人制度、陪審制度和律師制度,成為之後中國訴訟制度發展的方向。

〔註57〕 沈家本、伍廷芳:《奏進呈訴訟法擬請先行試辦摺》,見張國華、李貴連編著:《沈家本年譜初稿》,北京大學出版社,1989年版,第111～112頁。

（二）沈家本與審判編製法的出臺

《大清刑事民事訴訟法草案》雖然因爲遭到反對而被擱置，但是傳統的審判制度已經無法適應預備立憲的需要。光緒三十二年，清廷採納「分權以定限。立法、行政、司法三者，除立法當屬議院，今日尚難實行，似暫設資政院以爲預備外，行政事則專屬之內閣各部大臣。司法之權則專屬之法部，以大理院任審判，而法部監督之，均與行政官相對峙，而不爲所節制」〔註58〕的改革方案，慈禧太后下諭：「刑部著改爲法部，專任司法。大理寺著改爲大理院，專掌審判。……除外務部堂官員缺照舊外，各部堂官均設尚書一員、侍郎二員，部分滿漢。……原擬各部院等衙門職掌事宜及員司名缺，仍著各該堂官自行核議，悉心妥籌，會同軍機大臣奏明辦理。」〔註59〕次日，沈家本被任命爲大理院正卿，但仍兼任修訂法律大臣一職。

沈家本就任大理院正卿後，著手釐定審判權限。是年十月二十七日，沈家本上奏清廷曰：「惟是審判權限，等級攸分。查閱總司核定官制王大臣奏定法部節略內開；各國審判之級，大都區之爲三：第一審、第二審、第三審是也。第二審以待不服第一審之判斷者，第三審又以待不服第二審之判斷者。其裁判所之等級，大都分之爲四。英、美、德、法諸國均取四級裁判所主義，日本裁判制度仿傚德、法而亦分爲四等，即區裁判所、地方裁判所、控訴院、大理院是也。……是故大審院不必俯侵控訴院之權，地方裁判所不能兼理區裁判之事，分之則各成獨立，合之則層第相承，所謂分權定限，則有攸歸也。中國行政、司法二權，向合爲一。今者仰承明詔，以臣院專司審判，與法部截然分離，自應將裁判之權限、等級區劃分明，次第建設，方合各國憲政之制度。官制節略即變通日本成法，改區裁判所爲鄉讞局，改地方裁判所爲地方審判廳，改控訴院爲高等審判廳，而以大理院總其成，此固依仿四級裁判所主義，毋庸擬議者也。惟每級各有界限，必須取中國舊制，詳加分析，庶日後辦理事宜，各有依據。……此設裁判所之次第也。夫建置宜定規模，而施行必循次序。臣等承乏大理，極知爲中外之觀瞻所繫，事關重大，夙夜綢

〔註58〕奕劻：《慶親王奕劻等釐定中央各衙門官制繕單進呈摺》，見故宮博物院明清檔案部編：《清末立憲籌備檔案史料》（下），中華書局，1979 年版，第 464 頁。

〔註59〕《裁定奕劻等覆議中央各衙門官制議》，見故宮博物院明清檔案部編：《清末立憲籌備檔案史料》（下），中華書局，1979 年版，第 471 頁。

繆。竊以爲入手之初，非確定各審判官之事權，則責無所屬，非予籌各審判所之區域，則事無所歸。故於百端待理之中，謹擇目前所急需籌辦者，先行奏聞，恭俟命下，臣等即會同法部，將京師地方審判廳及城讞各局逐漸設法成立。庶三月以後，法部現審各案，得所交待」。〔註60〕不久，爲明確大理院權限及其職責，沈家本等又制定了《大理院審判編製法》，該法仿照日本裁判制度，將全國審判機構劃分爲四級：鄉讞局、地方審判廳、高等審判廳和大理院。同年十二月，清廷批覆《大理院奏請釐定審判權限摺》，同意將原有審判體制改爲四級三審制。

　　《大理院審判編製法》編訂不久，沈家本還曾上折請求編訂全國性審判章程：「臣等伏思訴訟事宜與審判相爲表裏，訴訟法者關於起訴之事，爲各案原被告而設者也。審判法者，關於承審之事，爲各級裁判官而設者也。故有訴訟法而無審判法，則官司之權限不請，有審判法而無訴訟法，則聽斷之機關不備，二者相對而立實相須而成。此東西立憲國之不同，不容偏廢者也。中國行政司法向來未分離，前者臣家本等奏陳民刑訴訟法時，立憲之詔未頒，故第斟酌舊日情形，尚非裁判獨立之義。今者仰承諭旨，以臣院專司審判，則法權繼屬獨立，自應將裁判各職司編爲專章，方足以資遵守。惟裁判以訴訟爲依據，訴訟以裁判爲歸宿，分之則兩端，合之爲一事。其各省人民之智慧，習俗之純駁，皆與法制有息息相關之故。查民刑訟法自奉旨交議以後，除直隸、熱河、江蘇、四川、廣西各督撫都統業經先後陳奏外，各省尚未議覆，合無請旨催令迅速核議具奏，俾臣院考鏡爲資，而於審判章程得所參酌，即訴訟法亦可緣以核定，庶幾條理貫通，推行無阻。」〔註61〕

　　光緒三十三年，修定法律館爲了適應各地推行四級審判制度的需要，決定在暫定施行於京師地區的《大理院審判編製法》的基礎上，編訂《法院審判法》。是年八月二日，沈家本上《酌擬法院編製法繕單呈覽摺》：「伏查我朝官制等書，會典至詳，然以行政而兼司法，揆諸今制，稍有未符。至如吏部處分則例，以六曹分職，審斷雖立專門，而旨在懲戒，於治事之規章，權界之斟畫，蓋缺如也。臣曩膺簡命修訂法律，上年在大理院正卿任內，適值構

〔註60〕沈家本：《大理院奏請釐定審判權限摺》，見張國華、李貴連編著：《沈家本年譜初稿》，北京大學出版社，1989年版，第129～131頁。
〔註61〕沈家本：《大理院正卿沈家本奏擬編審判章程摺》，見張國華、李貴連編著：《沈家本年譜初稿》，北京大學出版社，1989年版，第132頁。

締伊始。深以審判官制諸多未備，非特輯專例，不足統一事權。乃飭館員考古今之沿革，定中外之異同，分門纂輯，並令法律學堂日本教習法學博士岡田朝太郎，幫同審查。該教習學識宏富，於泰西法制靡不洞澈，隨時考證，足資甄擇，逐條由臣折衷刊定，閱八月始克屬稿。茲奉明詔渙布中外，復據法部、大理院，暨考察政治王大臣各官制清單，詳加對勘，剝膚存貞，厘定十五章，共一百四十條。凡機體之設備，審級之制度，官吏之執掌，監督之權限，一一賅載，名曰法院編製法」。〔註62〕時考察政治館已改名為憲政編查館，故光緒在這個奏摺後邊批示曰：「修定法律大臣、法部右侍郎沈家本奏：酌擬法院編製法，凡十五掌一百四十條，下憲政編查館知之。」〔註63〕

經過兩年多的核議，宣統元年，憲政編查館將《法院編製法》核定上奏：「光緒三十三年八月初二日，修訂大臣沈家本奏酌擬法院編製法開單請飭下憲政編查館考覈一折，奉旨：憲政編查館知道，單併發，欽此。欽遵鈔錄原奏並清單知照前來。恭查欽定逐年籌備事宜清單內載：法院編製法應於宣統元年頒佈等因，欽遵在案。竊維司法與行政分立，為實行憲政之權輿，上年欽定逐年籌備事宜清單，令各省分期籌設各級審判廳，即為司法獨立之基礎。而法院編製法所以明定等級，劃分職權，尤為籌設各級審判廳之准則。臣等檢閱原奏清單，都十五章一百四十條，舉凡機關之設備，及其執掌權限規定綦詳，於採用各國制度中，仍寓體察本國情形之意，尚係折衷擬訂，惟其中尚有應行增損者數端，謹參照最新法理，證以現在實情，逐次修正。以期完美」。〔註64〕經過核定的《法院編製法》共十六章，一百六十四條，規定了「機體之設備，審級之制度，官吏之執掌，監督之權限」。《法院編製法》上奏後，清廷批諭曰：「本日憲政編查館奏核定法院編製法，並另擬法官考試、任用，司法區域分劃及初級暨地方審判廳管轄案件各暫行章程繕單呈覽一折。朕詳加批閱，均繫考列邦之制度，體察中國之情形，斟酌釐定，尚屬周妥」。〔註65〕然未等清廷全面推行《法院編製法》，辛亥革命爆發，後該

〔註62〕沈家本：《大理院正卿沈家本酌擬法院編製法繕單呈覽摺》，見張國華、李貴連編著：《沈家本年譜初稿》，北京大學出版社，1989年版，第162頁。
〔註63〕《大清德宗景皇帝實錄》，卷五七七。
〔註64〕請參見張國華、李貴連編著：《沈家本年譜初稿》，北京大學出版社，1989年版，第164頁。
〔註65〕請參見張國華、李貴連編著：《沈家本年譜初稿》，北京大學出版社，1989年版，第166頁。

法爲民國援用，直到 1932 年國民政府頒行了新的《法院編製法》。

期間由於各級審判廳開辦在即，而訴訟法未能如期頒行，使得各地審判廳辦案無所依據，法部奏請編纂試辦章程。各省地方官僚爲了迎合朝廷預備立憲，也不得不採取相應措施。光緒三十三年三月，在直隸總督袁世凱的直接策劃下，由日本法政學校學成歸國的留學生組成專門機構，於天津編制了《天津府屬試辦審判章程》並頒布施行。袁世凱的試辦章程既對傳統的審判形式作了變通以適應外國人訴訟，又在內容上保留了傳統訴訟體制的相關原則，同時還以讓地方行政長官暫時兼理司法審判的方式，維護了各級官僚的專制特權，因而被清廷譽之爲「調和新日，最稱允協」。〔註66〕同年十二月，法部根據天津府的立法和司法經驗，並參照沈家本八月奏呈的《法院編製法》草案，編制了《京師高等以下各級審判廳試辦章程》草案奏報朝廷。該章程被清廷下發至各省各部和憲政編查館核議時，法部奏呈對章程進行了修訂，補定了八條內容，並另行擬定了《各省城商埠各級審判檢察廳編制大綱》十二條以及《各省城商埠各級審判廳籌備事宜》等章程，希望作爲各省試辦之準繩。宣統元年七月初十，清廷諭准通行各省一併遵行，至此，作爲中國法制史上第一部從體制到程序全面變革傳統審判制度的訴訟法律，《京師高等以下各級審判廳試辦章程》及相關法規，成爲晚清執行新的訴訟程序和各地建構新的審判制度的直接法律依據。

（三）沈家本與晚清民刑分立之訴訟法的制定

《京師高等以下各級審判廳試辦章程》頒行後，修訂法律館認爲其過於簡略，不足以資適用，便按照《欽定逐年籌備事宜清單》關於限定宣統五年頒佈民事和刑事訴訟律的規定，抓緊編纂這兩部訴訟法典。

宣統二年十一月二十七日，沈家本與俞廉三向清廷奏進《大清民事訴訟律草案》，內云：「竊維司法要義，本匪一端，而保護私權，實關重要。東西各國法制雖殊，然於人民私權秩序維持至周，既有民律以立其基，更有民事訴訟律以達其用。是以專斷之弊絕，而明允之效彰。中國民、刑不分，由來已久，刑事訴訟雖無專書，然其規程，尚互見於刑律；獨至民事訴訟，因無整齊畫一之規，易爲百弊叢生之府。若不速定專律，曲防事制，政憑訟理未必可期，司法前途不無阻礙。臣等從事編纂，博訪周咨；考列國之成規，採

〔註66〕李春雷：《中國近代形式訴訟制度變革研究：1895～1928》，北京大學出版社，2004 年版，第 59 頁。

最新之學理,復斟酌中國民俗,逐一研究。竊以爲民事訴訟律雖號稱繁賾,然撮其綱要,厥有四端:官署審判民事,首重權限,稱之爲審批權。……民事訴訟非俟人民起訴不能成立。……訴訟既與程序迭進。……通常訴訟,確當爲先,簡速次之。……據以上四者,分纂四編,都八百條。所有名詞字句,版多創制。改易再三,始克告竣。椎輪之作,固不敢據信爲完善;而比絜損益,亦不敢不辦求其精詳。謹逐條加具按語,詮釋詳明,免滋疑誤。至各國民事訴訟律,有於規定訴訟關係外,兼規定執行關係者,日本、德國即用斯例。惟查訴訟關係與執行關係,不能強同。訴訟關係其主旨在確定私權;執行關係其主旨在實行私權。二者之旨趣程序均各不同,如強合爲一,揆諸法理,實所未安。茲仿奧國例析而爲二,於民事訴訟律外,續定執行律。擬俟編纂告成,再行奏陳。庶分別部居,不至淩雜,自可收相得益彰之效。」〔註67〕《民事訴訟律草案》共 4 編,22 章,計 800 條,第一編審判衙門,包括事務管轄、土地管轄、指定管轄、核議管轄、審判衙門職員之迴避、拒卻及引避等五章;第二編當事人,包括能力、多數當事人、訴訟代理、訴訟輔佐人、訴訟費用、訴訟擔保、訴訟救助等七章;第三編普通訴訟程序,分爲總則、地方審判廳第一審訴令程序、初級審判廳之程序、上訴程序、再審程序等五章;第四編特別訴訟程序,包括督促程序、證書程序、保全訴訟、公示催告程序、人事訴訟等五章。

　　十二月二十四日,刑事訴訟律草案草成,沈家本與俞廉三遂呈奏清廷並請飭下憲政編查館核議:「竊臣等於上年十一月間奏,臣館籌辦宜折內,曾聲明民律、商律、刑律、民事訴訟律,俟成書後次第奏進等因在案。查諸律中以刑事訴訟律尤爲切要。西人有言曰:刑律不善不足以害良民,刑事訴訟律不備即良民亦罹其害。蓋刑律爲體,而刑訟爲用,二者相爲維繫,固不容偏廢也。中國第有刑律,而刑事訴訟律向無專名,然其規程,律文中不少概見。李悝《法經》有《囚法》、《捕法》,《唐律疏議》謂:《囚法》即斷獄律,《捕法》即捕亡律。此即刑訴之權輿。漢魏以降,篇目迭更,亦暨宋明,代有修改。其中如告劾、傳覆、繫囚、鞫獄、討捕、鬥訟諸律,規定甚詳。我朝欽定《大清刑律》,亦列訴訟、斷獄、捕亡等目。是中國未嘗無刑事訴訟律,特散見於刑律之中,未特設專律耳。臣等受命以來,昕夕督率館員或司譯述,

〔註67〕 請參見張國華、李貴連編著:《沈家本年譜初稿》,北京大學出版社,1989 年版,第 256～258 頁。

或事編纂，茲擬訂刑事訴訟律六編，都五百一十五條，謹將修訂大旨，爲我朝皇上縷晰陳之：一曰訴訟用告劾程序。……二曰檢察提起公訴。……三曰摘發眞實。……四曰原、被告待遇同等。……五曰審判公開。……六曰當事人無處分權。……七曰用干涉主義……八曰三審制度。……以上數端，均繫各國通例，足以補我之所備。敬謹甄擇，分列各章。惟預審制度各國均屬諸審判官，而考厥制度之由來，實始於法國。論其性質，本與偵查處分無異，而法國治罪強分爲二，以偵查處分屬檢察，以預審處分屬審判。其立法之意，無非恐檢察官濫用職權，致滋流弊。不知是特就法國當日情形而言，本非通論。如虞濫用職權，豈審判官獨勿慮，是以一偵查處分強分爲二，法理既不可通，事實亦多不便。用是捨外國之成例，使預審處分屬檢察廳，以彰本律之特色。編輯既竣，逐條仍加具理由，疏通證明，以免誤會。謹繕訂成冊，恭呈御覽。伏祈飭下憲政編查館，照章核議。至私訴之制，各國皆附刑事訴訟律內。蓋用此項犯罪，皆有害公益兼及私益者，雖處以刑罰，被害之人仍得要求賠償，謂之附帶私訴。惟關係民、商等律，茲擬析出單行，俟民、商律進呈後，續行纂訂奏進，以期完密。再本律篇帙浩繁，恐清單不便簡閱，是以改訂成冊，合併聲明。所有進呈大清刑事訴訟律草案緣由，謹恭折具陳，伏乞皇上聖鑒。」〔註68〕《刑事訴訟律草案》分爲 6 編，15 章，計 514 條，第一編總則，分爲審判衙門、當事人、訴訟行爲等三章；第二編第一審，分公訴與公判兩章；第三編上訴，包括通則、控告、上告、抗告等四章；第四編再理，包括再訴、再審和非常上告等三章；第五編特別訴訟程序，分爲大理院特別權限之訴訟程序和感化教育及監禁處分程序等兩章；第六編裁判之執行。

　　考察這兩部新纂的訴訟律草案，顯然從訴訟理念到訴訟規則，都大體採納了近代西方的訴訟文化與訴訟制度。譬如民事訴訟律草案以德國和日本的民事訴訟法典爲藍本，遵循近代民事訴訟的基本原理，強調「當事人本人主義」、兩造平等、言詞辯論、法院不干涉等訴訟原則，注重民事訴訟對於「人民私權秩序」的維持。兩部草案上奏後，清廷即交憲政編查館復議，但由於辛亥革命的爆發，這兩部訴訟律草案未及頒行。儘管如此，它們卻在近代中國訴訟法制建設的進程中佔有重要的地位，並成爲民國時期訴訟立法的範本。

〔註68〕請參見張國華、李貴連編著：《沈家本年譜初稿》，北京大學出版社，1989 年版，第 248～250 頁。

第五章 沈家本、張之洞法律
改革思想之比較

　　在中國近代政治和思想史上，晚清重臣張之洞「身繫朝局疆寄之重四十年」，〔註1〕不僅是洋務派的後期首領，而且是清末新政的主角。其活動涉及政治、經濟、外交、法律、教育、文化等諸多領域，在近代中國法律的現代化中，張之洞亦是一個不能不論及的重要人物。張之洞率先倡導變法修律並舉薦修律大臣，其變法修律主張初步體現了近代中國法律現代化的時代趨勢；而在修律的禮法之爭中，張之洞、沈家本分別為禮教派和法理派的首領。故通過探討張之洞的法律改革思想和實踐，剖析張之洞和沈家本的關係，對於研究沈家本的法律改革思想和實踐有所裨益。

一、張之洞的法律改革思想與實踐

　　那麼，在近代中國法律現代化的進程中，張之洞表達了什麼樣的法律改革思想，並進行了哪些法律改革的實踐，在其中的地位與作用又如何呢？我想或許可以從以下幾個方面來考察：

（一）倡導變法修律　舉薦修律大臣

　　19 世紀末的晚清社會，內外交困、危機四伏，在西方列強的侵略以及西方先進文化的衝擊下，具有憂患意識的朝廷重臣張之洞，本著「自救」、「自強」的目的，率先倡導變法修律。早在 1883 年，他就在《延訪洋務人才啓》中，提出：「以商務爲體，以兵戰爲用」，「以周知各國……政令……公法、律

〔註1〕許同莘編著：《張文襄公年譜·序》，商務印書館，1946 年版，第 1 頁。

例為根柢」，〔註2〕表現出對西方政治和法律制度的極大關注。1895 年甲午戰爭慘敗之後，張之洞更是多次讚歎「西人政事法度之完備」「十倍精於」其軍事技術，盛讚「西政之刑獄立法最善」。1898 年，張之洞在其代表作《勸學篇》中，明確提出採用西方政制和法律制度以改革中國政制和法制的主張：「不變其習不能變法」，「不變其法不能變器」；「西藝非要，西政為要」；「學校、地理、度支、賦稅、武備、律例、勸工、通商，西政也」；「大抵救時之計，謀國之方，政尤急於藝」；「夫不可變者，倫紀也，非法制也；王道也，非器械也，心術也，非工藝也」；「窮則變，變通盡利，變通趨時，損益之道，與時偕行」。而「泰西諸國無論君主、民主、君民共主，國必有政，商必有律，律師習之，法官掌之，君民皆不得違其法。」〔註3〕張之洞非常推崇西方社會那種法律至上的制度，他改革法律的目標就是建立一個人人都受法律制約的法治國家。

光緒二十六年十二月初十日，清政府頒佈變法詔書，並要求大臣就變法事宜各抒己見。是年七月，兩江總督劉坤一、湖廣總督張之洞聯袂進程《變通政治人才為先遵旨籌議先務四條摺》、《籌議變法謹擬整頓重法十二條摺》、《籌議變法謹擬採用西法十一條摺》，此即名噪一時的《江楚會奏變法三摺》。在此三折中，張之洞向清廷極力呼籲採用西法，改革中國舊律，以適應時代的需要，以挽救中國的法權，並提出了詳盡的法律改革的方案。在第一折《變通政治人才為先遵旨籌議先務四條摺》中，張之洞首次提出在中學階段即開設法律課程，在大學階段設立法律專業，進行西方法律的教育。在第二折《籌議變法謹擬整頓重法十二條摺》中，張之洞提出恤刑獄、其差役等改革中國傳統司法制度的主張。在第三折《籌議變法謹擬採用西法十一條摺》中，張之洞提出仿照西律制定礦律、路律、商律和交涉律等主張，建議訪求各國著名律師，幫助中國制定法律，並建議派遣留學生和迻譯西方各國政治法律書籍，以為修律提供參考和借鑒。總之，在《江楚會奏變法三摺》，張之洞針對「上年京畿之變，大局幾危」的嚴重局勢，強調了變法的必要性和緊迫性，指出「方今環球各國，日新月盛，大者兼善富強，次者亦不至貧弱……蓋立

〔註2〕 張之洞：《延訪洋務人才啓》，見苑書義、孫華峰、李秉新主編：《張之洞全集》（第四冊），河北人民出版社，1998 年版，第 2400 頁。

〔註3〕 請參見張之洞：《勸學篇·外篇·廣譯第五》，世紀出版集團、上海書店出版社，2002 年版，第 50〜51 頁。

國之道，大要有三：一曰治，二曰富，三曰強。國既治，則貧弱者可以求富強。國不治，則富強者亦轉爲貧弱。整頓中法者，所以爲治之具也，採用西法者，所以爲富強之謀也」，是故「自強之根本」在於「採用西法」，變法修律是中國由積弱轉向富強的必由之路。張之洞在《江楚會奏變法三摺》共提出了 27 條具體變法的措施，其中「興學育才」，「整頓中法」12 條，「採用西法」11 條，建議推行全國施行。〔註4〕《江楚會奏變法三摺》上奏後，即得到了清廷的極力讚賞，其發佈的上諭中提到：「劉坤一、張之洞會奏整頓中法以行西法各條，其中可行者，即著按照所稱，隨時設法擇要舉辦，各省疆吏，亦應一律通籌，切實舉行。」這樣，晚清修律經張之洞等之提請而成爲清末新政的重要內容，張之洞奏請之基本內容和主張成爲晚清修律的行動綱領。

　　對於張之洞之奏議，慈禧太后的親信榮祿曾對人說，法是好，只是無人辦。慈禧太后苦於人才難得，於光緒二十八年二月初二日發佈詔書曰：「中國律例，自漢唐以來，代有增改。我朝《大清律例》一書，折衷至當，備極精詳。惟是爲治之道，尤貴因時制宜，今昔情勢不同，非參酌適中，不能推行盡善。況近來地利日興，商務日廣，如礦律、路律、商律等類，皆應妥議專條。著名出使大臣，查取各國通行律例，咨送外務部。並著責成袁世凱、劉坤一、張之洞，愼選熟悉中西律例者，保送數員來京，聽候簡派，開館纂修，請旨審定頒行。總期切實平允，中外通行，用示通變宜民之至意。」〔註5〕諭旨下達後，張之洞遵旨與袁世凱、劉坤一一道上奏積極舉薦沈家本、伍廷芳爲修律大臣，並藉此機會進一步強調變法修律之必要性：「竊維經世宰物之方，莫大乎立法。律例者，治法之統紀，而舉國上下胥奉爲準繩也」，「邇稽法、德，近考日本，其變法皆從改律入手。而其改律也，皆運以精心，持之毅力，堅苦恒久，而後成之。故能雄視全球，自得自主之權，而進文明之治，便民益國，利賴無窮」。而「中國自開禁互市以來，近百年矣，當其初不悉外情，不諳公法。又屢次訂約，皆在用兵以後，權宜遷就，聽人所爲。國權既見侵削，民利尤多虧損。浸尋至今，國威不振，幾難自立。近者交涉益繁，

〔註4〕　請參見劉坤一、張之洞：《變通政治人才爲先遵旨籌議先務四條摺》、《籌議變法謹擬整頓重法十二條摺》、《籌議變法謹擬採用西法十一條摺》，見苑書義、孫華峰、李秉新主編：《張之洞全集》（第二冊），河北人民出版社，1998 年版，第 1417 頁。

〔註5〕　《大清德宗景皇帝實錄》，卷四九八。

應付愈難。教士紛來，路礦交錯。遊歷之輩，足跡幾遍國中。通商之議，乘機而圖進步。我如拘守成例，不思亟爲變通，則彼此情形，終多扞格。因扞格而齟齬，因齟齬而牽制，群撓眾侮，我法安施；權利盡失，何以爲國。……查刑部左侍郎沈家本久在秋曹，刑名精熟。出使美國人臣伍廷芳，練習洋務，西律專家。擬請簡調該二員，飭令在京開設修律館，即派該二員爲之總纂。其分纂、參訂各員，亦即責成該二員選舉分任。伍廷芳並可遴派西國律師二三人挈同前來，拔茅連茹，汲引必當。近來日本法律學分門別類，考究亦精，而民法一門最爲西人所歎服。該國係同文之邦，其法律博士，多有能讀我之會典律例者，且風土人情，與我相近，取資較易。亦可由出使日本大臣，訪求該國法律博士，取其專精民法、刑法者各一人，一併延訂來華，協同編譯。」〔註6〕慈禧太后採納了張之洞等人的推薦，於光緒二十八年四月初六日（1902年5月13日），清政府頒佈上諭：「現在通商交涉，事益繁多，著派沈家本、伍廷芳將一切現行律例，按照交涉情形，參酌各國法律，悉心考訂，妥爲擬議，務期中外通行，有裨治理。俟修定呈覽，候旨頒行」。〔註7〕自此，沈家本開始主持修律，著手全面修訂現行律例和制定新律，變法修律開始進入實際操作階段。

（二）參與法律修訂　改革司法制度

光緒二十八年七月，張之洞代表清廷與英國議約大臣馬凱進行商約談判時，爲爭取廢除治外法權，他迫使馬凱在條約中增加一款：「中國深欲整頓本國律例，以期與各西國律例改同一律，英國允願盡力協助，一俟查悉中國律例情形，及其審斷辦法，及一切相關事宜皆臻妥善，英國即允棄其治外法權。」〔註8〕此後，在與美、日、葡等國簽訂條約中，張之洞亦要求簽約大臣訂此條款，這個條款，極大的刺激了清廷的修律熱情，使得全國上下皆言修律。張之洞本人更是身先士卒，積極參與法律修訂，改革司法制度。

〔註6〕劉坤一、張之洞、袁世凱：《會保熟悉中西律例人員沈家本等聽候簡用摺》，廖一中、羅眞容整理：《袁世凱奏議》，天津古籍出版社，1987年版，第476頁。

〔註7〕《大清德宗景皇帝實錄》，卷四九八。

〔註8〕請參見中國近代經濟史資料叢刊編輯委員會主編，中華人民共和國海關總署研究室編譯：《辛丑條約訂立以後的商約談判》，中華書局，1994年版，第137～139頁。

1、改革諸法合體法律格局，建立新型法律體系

中國的傳統法律的一個特徵是「諸法合體、重刑輕民」，已經無法適應晚清的時局，對此，張之洞有其體認。在光緒三十三年七月二十六日（1907 年 9 月 3 日）《遵旨核議新編刑事民事訴訟法摺》中，張之洞如是說：「中國律例詳刑事而略民事……蓋東西諸國法律皆分類編定。中國合各項法律爲一編，是以參伍錯綜，委曲繁重。今日修改法律自應博采東西諸國法律，詳加考酌，從速釐訂。」〔註9〕在晚清的政治法律改革中，張之洞力倡改革諸法合體的法律格局，建立新型法律體系。

爲改變中國重刑輕民諸法合體的法律傳統，光緒二十八年張之洞與袁世凱、劉坤一聯銜推薦沈家本等爲修律大臣的奏摺中指出：「近來日本法律學分門別類，考究亦精，而民法一門，最爲西人所歎服。該國係同文之邦，其法律博士，多有能讀我之會典律例者。且風土人情，與我相近，取資較易。亦可由出使日本大臣，訪求該國法律博士，取其專精民法、刑法者各一人，一併延訂來華，協同編譯。如此規模既立，則事有指歸，人有秉承，辦理自易。迨開館之後，即就目前所亟宜改訂者，擇要譯修，隨時呈請宸鑒施行，逐漸更張，期於至善，不過數年，內治必可改觀，外交必易順手，政權、利權亦必不難次第收回，裨益時局，實非淺鮮。」〔註10〕正是在張之洞等的倡議下，由沈家本主持，前後聘請岡田朝太郎、松岡義正、志田鉀太郎、小河滋次郎等 4 位日本法學專家來華協助制定新律。在日本專家的協助下，按照民、刑獨立原則，由沈家本主持先後制定了《大清民律草案》、《大清現行刑律》和《大清新刑律》，制頒《刑事民事訴訟法》、《大清刑事訴訟法律草案》與《大清民事訴訟法律草案》等，初步建立了新型的法律體系。

張之洞對晚清第一部商律的制定的貢獻尤大。早在《勸學篇》中，張之洞就指出：「大抵農工商事，互相表裏，互相鉤貫，農瘠則病工，工鈍則病商，工商聾瞽則病農，三者交病，不可爲國矣。」他認爲三者之中，農爲基礎，工爲體，商爲用，主張以「興利」爲目標，推動農工商的協調發展。更爲重

〔註 9〕　張之洞：《遵旨核議新編刑事民事訴訟法摺》，見苑書義、孫華峰、李秉新主編：《張之洞全集》（第三冊），河北人民出版社，1998 年版，第 1774 頁。
〔註10〕　劉坤一、張之洞、袁世凱：《會保熟悉中西律例人員沈家本等聽候簡用摺》，廖一中、羅眞容整理：《袁世凱奏議》，天津古籍出版社，1987 年版，第 476 頁。

要的是，張之洞還將這一思想納入了變法修律的實踐中，以在法律的層次上保障和促進工商業的發展。

張之洞在《遵旨籌議變法謹擬採用西法十一條摺》「勸工藝」條中強調：「世人多謂西國之富以商，而不知西國之富實以工。蓋商者運已成之貨，工者造未成之貨，粗者使精，賤者使貴，朽廢者使有用，有工藝然後有貨物，有貨物然後商貿有販運。《考工記》曰：「百工之事，皆聖人之所作。」《中所》曰；「來百工則財用足。」夫以足財歸之於工，此古聖人富國之要策，重工之微旨也。不惟此也，商之盛由於財力，必資本充而後盈餘厚，故計銀錢以爲本息。工之盛由於人力，有一人之技藝，則有一人之成器，故計人以爲本息。外國財多，中國人多，今日中國講富國之術。若欲以商務敵歐、美各國，此我所不能者也。若欲以工藝敵各國，此我所必能者也」。張之洞還提出具體的三條「勸工之道」：一曰「設工藝學堂，堂中設機器廠」；二曰「設勸工場」；三曰「良工獎以官職」。〔註11〕在「定礦律、路律、商律、交涉刑律」條中指出：「中國礦產富饒，蘊蓄而未開，鐵路權利兼擅遲疑而未辦，二事久爲外人垂涎。近數年來，各國紛紛集股來華，知我於此等事務尚無定章，外國情形未能盡悉，乘機愚我攘利侵權，或藉開礦而攬及鐵路，或因鐵路而涉及開礦，此國於此省幸得利益，彼國即於他省援照均霑，動輒號稱某國公司，漫指數省地方爲其界限，只知豫先寬指地段，不知何年方能興辦。近年法於雲、貴，德於山東，英、意於晉、豫，早有合同章程，紛歧恐未必盡能妥善。此次和議成後，各國公司更必接踵而來，各省利權將爲盡奪，中國無從自振矣。且此後內地各處礦務、鐵路，洋人無處不有，不受地方官約束，任意欺壓平民，地方宮只有保護彈壓之勞，養兵緝捕之費，無利益可沾，無抵制之術，一旦百姓不堪欺凌，或滋事端，又將株連多人，賠償鉅款，爲害何可勝言。」故張之洞建議：「此必須訪聘著名律師，採取各國辦法，秉公妥訂礦、路畫一章程，無論已經允開允修之礦、路，未經議開議修之礦、路，統行核定，務使界址有限，資本有據，興辦有期，國家應享權利有著，地方彈壓保護有資，華洋商人一律均霑。」張之洞還闡述了編訂商律的重要性和必要性：「互市以來，大宗生意全係洋商，華商不過坐賈零販。推原其故，蓋由中外貿遷、機

〔註11〕劉坤一、張之洞：《遵旨籌議變法謹擬採用西法十一條摺》，見苑書義、孫華峰、李秉新主編：《張之洞全集》（第二冊），河北人民出版社，1998年版，第1439～1440頁。

器製造均非一二人之財力所能，所有洋行皆勢力雄厚，集千百家而爲公司者，歐、美商律最爲詳明，其國家又多方護持，是以商務日興；中國家輕商賈，不講商律，於是市井之徒苟圖私利，彼此相欺，巧者虧逃，拙者受累，以故視集股爲畏途，進不能與洋商爭街；況凡遇商務訟案，華欠洋商，則領事任意要索；洋欠華商，則領事每多偏袒，於是華商或附洋行股分，略分餘利，或雇無賴流氓爲護符，假冒洋行；若再不急加維持，勢必至華商盡爲洋商之役而後已。必中國定有商律，則華商有恃無恐，販運之大公司可成，製造之大工廠可設，假冒之洋行可社，華商情形較熟，工價較輕，費用較省，十年以後，華商即可自立，經理乎並可與洋商相角矣。且徵收印花稅‧其公司、工廠、行棧，掛號等費，皆係與商律相輔而行之事，必有商律方能興辦。故又不可不急行編定也。」並「擬請由總署電致各國駐使，訪求各國著名律師，每大國一名，來華充當該衙門編纂律法教習，博采各國礦務律、鐵路律、商務律、刑律諸書；爲中國編纂簡明礦律、路律、商律、交涉、刑律若干條，分列綱目，限一年內纂成。由該衙門大臣斟酌妥善，請旨核定，照會各國‧頒行天下，一體遵守。」〔註12〕根據張之洞等的上述建議，清政府於 1903 年頒行《鐵路簡明章程》，1906 年頒行《大清礦務章程》。清政府還於 1903 年成立商部，令載振、袁世凱、伍廷芳先訂商律，1904 年編定《商人通例》9 條，《公司例》131 條，合計 140 條，上奏後定名爲《欽定大清商律》頒行，這是中國歷史上第一部商律。

2、改革傳統司法審判制度，確立近代司法原則

張之洞素以「儒臣」自居，並以「當官爲政，一以儒術施之」〔註 13〕爲座右銘，是儒家「仁政」忠實的力行者。張之洞常常親自審理案件，因此對晚清司法審判的黑暗十分瞭解，他曾經指出：「近來州縣視部民有如路人，視罪囚直如異類，以致鎖繫累累，經月不訊，詞訟細故，羈及多人，刑責苛濫，拘繫嚴酷，冤氣抑鬱，怨聲流聞。」〔註 14〕隨著對西方政治法律制度瞭解的

〔註12〕 劉坤一、張之洞：《遵旨籌議變法謹擬採用西法十一條摺》，見苑書義、孫華峰、李秉新主編：《張之洞全集》（第二冊），河北人民出版社，1998 年版，第 1441～1442 頁。

〔註13〕 張之洞：《〈傳魯堂詩集〉序》，見苑書義、孫華峰、李秉新主編：《張之洞全集》（第十二冊），河北人民出版社，1998 年版，第 10058 頁。

〔註14〕 張之洞：《筍菉司飭各屬清釐庶獄，建設遷善習藝等所併嚴禁濫刑》，見苑書義、孫華峰、李秉新主編：《張之洞全集》（第六冊），河北人民出版社，1998 年版，第 4242 頁。

逐漸深入，對比中外，張之洞更深刻的認識到晚清司法審判和獄政制度的落後和野蠻。在《遵旨籌議變法謹擬整頓中法十二條摺》之「恤刑獄」條中，張之洞批判「《大清律例》較之漢、隋、唐、明之律，其仁恕寬平，相去霄壤。徒以州、縣有司，政事過繁，文法過密，經費過絀，實心愛民者不多，於是濫刑誅累之酷，囹圄淩虐之弊，往往而有，雖有良吏不過隨時消息，終不能盡挽頹風。」同時讚賞「外國百年以來，其聽訟之詳慎，刑罰之輕簡，監獄之寬舒，從無苛酷之事，以故民氣發抒，人知道有恥，國勢以強」。〔註15〕進而提出了仿傚西方近代司法制度，積極投身於改革中國傳統司法審判制度的主張。張之洞改革中國傳統司法制度的思想和實踐主要體現在：

（1）去差役、辦警政

張之洞在《遵旨籌議變法謹擬整頓重法十二條摺》「去差役」條中指出：「差役之為民害，各省皆同，必鄉里無賴始充此也。傳案之株連、過堂之勒索、看管之淩虐、相驗之助虐，其害不可殫述，民見差異無不疾首蹙額，視如虎狼蛇蠍者。」〔註16〕故張之洞極力主張革除差役，代之以西方的警察制度。張之洞認為：「警察一事，實為吏治之實際，教養之初基，立法甚嚴而意甚厚，東西洋各國視為內政之一大端，凡稽查戶口、保衛生民、清理街道、開通溝渠、清楚疫癘、防救火災、查緝姦情、通達民隱、整齊人心諸善政，無不惟警察是賴⋯⋯今日講求新政，採用西法，此舉洵為先務。」〔註17〕在張之洞看來，「警察若設，則差役之害可以永遠革除。此尤為吏治之根基，除勞安良之長策矣。」〔註18〕張之洞在實踐中大力引進西方警察制度，推動了中國近代警察制度的發展。

（2）省刑責、重眾證

拷問和逼供是中國傳統司法審判中常見的現象，對此，張之洞指出，各

〔註15〕 劉坤一、張之洞：《遵旨籌議變法謹擬整頓重法十二條摺》，見苑書義、孫華峰、李秉新主編：《張之洞全集》（第二冊），河北人民出版社，1998年版，第1415～1416頁。

〔註16〕 劉坤一、張之洞：《遵旨籌議變法謹擬整頓重法十二條摺》，見苑書義、孫華峰、李秉新主編：《張之洞全集》（第二冊），河北人民出版社，1998年版，第1414頁。

〔註17〕 張之洞：《省城創辦警察摺》，見苑書義、孫華峰、李秉新主編：《張之洞全集》（第二冊），河北人民出版社，1998年版，第1474～1475頁。

〔註18〕 劉坤一、張之洞：《遵旨籌議變法謹擬整頓重法十二條摺》，見苑書義、孫華峰、李秉新主編：《張之洞全集》（第二冊），河北人民出版社，1998年版，第1414頁。

級官吏中「其宅心仁恕、治獄精詳、刑不妄用者固不乏人，然亦頗有性情暴戾粗率、用刑不檢者，審問一切案件，並未細訊其是非曲直，往往因素語應對不合，或事屬細微，動輒笞責百千餘。甚至有以非刑從事者，慘酷情形不堪言狀」。故張之洞積極建議清政府改革以酷刑、刑訊、刑法爲特徵的傳統司法制度，省酷刑、愼刑罰，以期建立近代西方的司法制度。張之洞率先倡議禁止刑訊逼供，主張「重眾證」。張之洞指出，「中外情形不同」之一，即「外國案以證定，中國案以供定」，「外國問案專憑證人，眾證既確，即無須本犯之供」。因此，中國改革司法制度的內容之一，就是要「重眾證」：「擬請以後斷案，除死罪必須有輸服供詞外，其軍流以下罪名，若本犯狡供拖延至半年以外者，果係眾證確鑿，其證人皆係公正可信，上司層遞親提復訊皆無疑義者，即按律定擬，奏咨立案。如再京控上控，皆不准理」。另一「中外情形不同」者，即「外國訴訟從不用刑求」，而中國卻是「反覆刑求」，於是「有拷掠之慘」，「敲撲呼號，血肉橫飛，最爲傷和害理，有悖民牧之義。地方官相沿已久，漠不動心」。於是張之洞提出「省刑責」：「擬請以後除盜案命案證據已確而不肯認供者，惟其刑嚇外，凡初次訊供時及牽連人證，斷不准輕加刑責。」張之洞還極力主張，封建制五刑之中的「笞杖等罪，應由地方官體察情形，酌量改爲羈禁，或數日，或旬日，不得凌虐久係」；「除軍罪皆係重情照發遣外，其流、徒兩項由地方官酌量情節，詳報咨部，令繳贖罪銀若干，以爲監獄經費」。在實際司法實踐中，張之洞還多次要求屬下「殺人必當其罪，刑求必依其法」，「不得違例私設非刑濫刑，杖責無辜。即審問命盜會匪案件，亦必悉心研鞫，明愼用刑，萬不可專恃刑求，草率定讞。」這些建議後都被沈家本所採納。

（3）修監羈、恤刑獄

　　張之洞素來關心獄政，時常親入監獄視察或派人暗訪各地獄情，因之對晚清監獄的暴虐十分瞭解。他認爲清代「州縣監獄之外，又有羈所，又有交差押帶等名目。狹隘污穢，凌虐多端，暑疫傳染，多致瘐斃。仁人不忍睹聞，等之於地獄。外人尤爲痛詆，比之以番蠻」。他提出「修監羈」的建議：「夫監獄不能無，而酷虐不可有。宜令各省設法籌款，將臬司府廳州縣各衙門內外監，大加改修，地面務須寬敞，屋宇務須整潔，優給口食及冬夏調理各費，禁卒凌虐隨時嚴懲。」並要求「各處羈所，務須完整潔淨，不准虐待，亦不准多押。」同時需「派專官監羈」，「專司稽查各屬監獄之事」。張之洞還建議

清政府：「應令天下各州縣有獄地方，均於內監外監中，必留一寬大空院修工藝房一區，令其學習。將來釋放者可以謀生改行，禁繫者亦可自給衣履。」「教工藝，則盜賊可稀少。」張之洞還積極籌集資金，修建近代模範監獄。1907年，張之洞在湖北江夏縣建起了中國近代史上第一座兼采東西的改良型監獄湖北省城模範監獄，揭開了近代中國監獄改良的序幕。此外，張之洞在「恤刑獄」條陳中，還提出了「除訟累」、「省文法」、「恤相驗」等建議。修訂法律館奉清廷之命核議劉、張之請，光緒三十一年（1905 年）三月，沈、伍上《議覆江督等會奏恤刑獄摺》，贊同廢除刑訊，沈、伍二人還特別上奏，要求先實行其中「重眾證」、「修監羈」和「派專官」三項，並得到上諭批准，爲制定新刑律打下了基礎。

（三）推行法律教育　培養法律人才

沈家本嘗言：「舉凡法家言，非名吏秋曹者無人問津，名公巨卿，方且以爲無足輕重之物，屏棄勿錄，甚至有目爲不祥之物，遠而避之。」〔註 19〕但張之洞對法律則十分重視，將之視爲經世工具之一。張之洞在辦理大量的交涉案件時，深感中國缺乏熟知西律的人才，致使中國無非在與國外是交涉事件中維護自己的權利，因而張之洞尤爲重視推行近代法律教育，培養專門的法律人才。在晚清的法律改革活動中，他不僅要求士子積極學習中國古代的律例與典章制度，而且積極推行近代法律教育，大力培養熟識國際條約與西方各國律例的新式法律人才。張之洞推行近代法律教育，培養專門法律人才的努力主要體現在：

1、改建和創設新式學堂，推行西方法律教育

在其著名的《勸學篇》中，張之洞即認爲「大抵救時之計、謀國之方，政尤急於藝」，大力提倡學習西政，屢次強調「西藝非要，西政爲要」，而所謂西政，即西方學校、地理、度支、賦稅、武備、律例、勸工、通商等，明確提出學習西方的政治和法律制度。事實上，早在 1889 年主張兼采西律編訂一部通商律例時，張之洞即認爲「欲爲斯舉，非得深諳中外法律人才不可」，因而特地在廣東水陸師學堂增設公法學，擬招收已習外語的學生 30 名，以備交涉和修訂法律所需，從而開中國地方學堂開設公法學的先河。中日甲午戰

〔註 19〕沈家本：《法學會雜誌序》，見李光燦著：《評寄簃文存・並載：〈寄簃文存〉卷六》，群眾出版社，1985 年版，第 385 頁。

爭之後，張之洞又極力建議朝廷設學堂、延洋師、教律例，1895 年年底，張之洞在南京創設儲才學堂，招收學生 30 人，習交涉律例。翌年，他又將自強學堂改制爲一所專門的外語學校，在學校內「附譯西書，以商務、鐵路等法律爲主，補同文館、製造局譯書所不及。」〔註20〕

清末新政期間，張之洞更是積極投身於法律教育中。新政之初，張之洞在其著名的《江楚會奏變法三摺》中，即極力提倡法律教育，主張在中學即習西方法律，在高等學堂則開設法律專業，學生畢業後派往交涉局實習。並建議借修律之機，在總理衙門內設礦律、路律、商律、交涉刑律等學堂，選取職官及進士、舉人、貢生充當學生，一邊幫同修訂律例，一邊隨同編纂法律教習學習法律及審判，俟畢業後派往各通商口岸充當審判官。他還致電袁世凱、劉坤一，建議在京城設一仕學院，聘請各國教習給四品以下京堂翰林、科道部屬及在京外官，講授各門知識，並建議諸如法律、財政、兵事、農工各項尤要者，每門可請兩人，可見張之洞對法律教育的重視。1902 年，張之洞又將自強學堂改爲普通學堂，並規定法制課改爲該學堂十二門核心課程之一。將兩湖書院改爲文幹等學堂，開設法律專業。1903 年，張之洞又在教吏館內添設仕學院一所，「凡府、廳、州、縣佐雜各班候補人員有志講求實學者，均可入院肄習公法、法律、財政、兵略各學科」，並電請出使美國大臣伍廷芳代聘美國耆儒、前充京師同文館大學堂總教習丁韙良充當公法講友。〔註21〕張之洞還有仕學院制定五條章程，明確規定將法律、交涉等專業作爲該院九門學科之二種。同時，張之洞還在《學務綱要》中以法律的形式規定在中學和大學開設法律課程，以培養精通西律的交涉人才。

爲辦警政所需，張之洞還在閱馬廠設立警察學堂，後又在仕學院招募 400 名學生習警政，並聘請日本高等教習三名教授警察應用學科。1907 年，張之洞又在存古學堂開設外國政治、法律、理財、警察和監獄課程，「講外國立政大意，務使學者知外國政法有當採取處，有情勢不同，不能強學處。且可知外國之所謂民權、自由皆在法律之範圍以內，而邪說詭詞自無由生。……講外國安民防患、愼獄恤刑大意，使學者知中國古來比閭之制、獄訟之法，外

〔註20〕胡均編：《張文襄公年譜》，北京天華印書館，1939 年出版，第 143 頁。
〔註21〕張之洞：《箚委丁韙良充濟美學堂總教習兼仕學院講友》，見苑書義、孫華峰、李秉新主編：《張之洞全集》（第六冊），河北人民出版社，1998 年版，第 4233 頁。

國多與之暗合，以備入仕臨民之用」。〔註22〕總之，新式學堂的創辦與西方法律教育的推行，培養了一批對外交涉和新政需要的新式法律人才。

2、派遣留學生和官員出國學習西方法律

張之洞把派員出洋留學遊歷看成是救亡圖存的重要措施，留學教育是培養近代人才的最佳途徑，他說：「今宜多選才俊之士，分派遊歷各國，豐其經費，寬其歲月，隨帶翻譯，縱令深加考求。凡工作、商務、水陸、兵事、炮臺、戰艦、學校、律例，隨其性之所近，用心考求」。可見，張之洞所主張的留學領域很廣，包括商務、教育、法律和軍事等方面。甲午戰爭失敗後，張之洞從日本由弱變強的事實中，更加認識到留學教育的重要性。在張之洞的眼裏，日本的迅速崛起，不僅由於他們重視留學教育，培養近代人才，而且還在於他們大膽任用學有所成的留學生。同時，張之洞通過對留學教育和國內教育的比較，深刻認識到留學教育是快出人才，出好人才的最佳途徑，他認為：「出洋一年勝於讀書五年，此趙營平百聞不如一見之說也。入外國學堂一年勝於中國學堂二年，此孟子置之莊岳之說。」通過留學途徑，讓國內人員親臨其境接受西方文明的薰陶，從而使他們「明時勢，長志氣，擴見聞，增才智」。〔註23〕

張之洞一開始即非常注重派遣留學生學習西方法律。1896 年應清廷之命派遣留學生赴日時，就特派唐寶鍔等兩人學習西方法律；1889 年他又派經心書院學生楊雨廷等兩人赴日學習法律與政治。至 1904 年，僅在日本法政大學速成科學習的湖北籍學生即有 43 人，〔註24〕從而掀起了清末留學生以學政法和軍事為熱門。這些學子歸國後積極參與各地的變法與憲政運動，有力的推動者晚清法律改革和憲政運動的開展。20 世紀初，為推行新政開啟民智，張之洞還非常重視派遣官員學習西方的政治法律。他提出：「實缺知縣，必應派令出洋遊歷一次，博覽周知，方足以頗迂謬腐敗之習，鼓勵精圖治之念」。1906 年又再次強調：「現在新政待舉，交涉日繁，凡新選新補

〔註22〕張之洞：《咨學部錄送湖北存古學堂課表章程》，見苑書義、孫華峰、李秉新主編：《張之洞全集》（第六冊），河北人民出版社，1998 年版，第 4387～4395 頁。

〔註23〕請參見葉興藝：《張之洞：近代教育創始人》，載於《21 世紀》，2002 年第 5 期。

〔註24〕請參見董寶良、熊賢君著：《從湖北看中國教育近代化》，廣東教育出版社，1996 年版，第 239 頁。

實缺州縣，非選令出洋遊歷考察各項政治，將來到任，勢必於學校、警察、監獄、道路、財政、武備及一切農工商漁實業，皆茫然無從措手」。〔註 25〕

二、沈家本與張之洞的禮法之爭

　　所謂「禮法之爭」，是指在晚清法律改革過程中保守的「禮教派」與革新的「法理派」圍繞修律的基本精神和具體制度進行的論爭。維護傳統禮教精神，主張法律應與禮教結合的稱為禮教派，以張之洞、勞乃宣為代表；主張近代法制精神，法律應與傳統的禮教相分離的稱為法理派，以沈家本為代表。因他們爭論的問題主要是禮法關係，所以中國法律史學者稱這場爭論為「禮法之爭」。〔註 26〕禮教和法律是兩種不同的法律思想，前者以維護宗法家族制度，進而達到維護整個封建制度為目的。後者以維護「人權」，進而到到維護資產階級所主張的個人所有權、維護資本主義制度為目的。在整個爭論中，禮法雙方都不絕對地主張禮教或法理。尤其是法理派，雖然要求以西方法律的原理和原則為價值判斷，制定新律，但由他們草擬的新律中卻保留了大量的禮教條文。〔註 27〕禮法之爭主要圍繞《大清刑事民事訴訟法草案》和《大清新刑律》展開，這次論爭，涉及人員之廣，影響之深，為中國立法史上所罕見。本文僅就沈家本和張之洞之間的論爭展開論述。

　　光緒三十二年三月，修定法律大臣沈家本等奏陳《大清刑事民事訴訟法草案》，這部法律草案分總綱、刑事規則、民事規則、刑事民事通用規則、中外交涉案件等 5 章，260 條，為中國歷史上第一部專門的訴訟法草案。這部草案，在中國立法史上第一次將實體法與程序法分開，並吸收了西方近代訴訟法中的陪審制度，律師制度，公開審判、自由心證和迴避制度，體現了司法獨立原則和一定的先進性。草案呈遞後，由於這種法律的內容和體系均屬新創，清廷並未很快允准，而是下諭要求各地就該法草案簽注評議，提出意見。《大清刑事民事訴訟法草案》發往各地後，遭到了各將軍督撫的強烈反對，而其中以張之洞光緒三十三年七月的《遵旨核議新編刑事民事訴訟法摺》最具代表性。張之洞在該折中詳盡地批駁了沈家本的立法理由，奏摺後面張之

〔註 25〕張之洞：《致長沙龐府臺》，見苑書義、孫華峰、李秉新主編：《張之洞全集》（第十一冊），河北人民出版社，1998 年版，第 9516 頁。

〔註 26〕請參見葉孝信主編：《中國法制史》，復旦大學出版社，2002 年版，第 348～349 頁。

〔註 27〕李貴連著：《沈家本評傳》，南京大學出版社，2005 年版，第 236 頁。

洞還對改法 260 條中的 59 條進行了批駁：

首先，張之洞認為引入西方法律制度將帶來很多弊端，而主張修律要符合中國的民情風俗和禮教大義：綜覈所纂二百六十條，大率採用西法。於中法本原似有乖違，中國情形亦未盡合，誠恐難挽法杖，轉滋獄訟。《書》曰：「士制百姓於刑之中，以教棍德。」漢臣斑固有言：「名家者流，原於禮官。」蓋法律之設，所以納民於軌物之中，而法律本原，實與經術相表裏，其最著者為親親之義，男女之別，天經地義，萬古不刊。乃閱木法所纂，父子必異財，兄弟必析產，夫婦必分資，甚至婦人女子，責令到堂作證。襲西俗財產之制，懷中國名教之防，啟男女平等之風，悖聖賢修齊之教，綱倫法紀，隱患實深。至於家室婚姻，為人倫之始；子孫嗣續，為宗法所關，古經今律，皆甚重之。中國舊日律例中，如果審訊之案為條例所未及，往往援三禮以證之。本法皆闕焉不及無論。勉強驟行，人情惶惑，且非聖朝明刑弼教之至意。此臣所謂於中法本法原似有乖違者也。恭繹諭旨，殷殷以現在民情風俗為念。仰見聖慮周詳，不勝欽服。夫立法國貴因時，而經國必先正本。值此環球交通之世，從前舊法自不能不量加交易。東西各國政法，可採者亦多。取其所長，補我所短，揆時度勢，誠不可緩。然必須將中國民情風俗，法令源流，通籌熟計，然後量為變通，庶免官民惶惑，無所適從。〔註28〕

其次，張之洞認為該法律不能促使列強放棄治外法權，而轉滋訟獄：在法律大臣之意，變通訴訟剖度，以冀撤去治外法權，其意固亦甚善。惟是各國僑民，所以不守中國法律者，半由於中國裁判之不足以服其心，半由於中國制度之不能保其自家財產。外國商民目冒險至，其本國欲盡保護之職分，不得不計其身家性命之安危。乃因各省伏莽充斥，盜賊橫行，官史雖多而不能保民；警察雖設而不能偏及，致為外人竊笑。而謂變通訴訟之法，即可就我範圍，彼族能聽命乎？縱使所定訴訟法條理完密，體例精詳，亦必指指瑕索瘢，藉端責難，又安能盡饜其欲耶！所纂各條，按之西律，不無疏漏混淆之處。近年與英、美、日本訂立商約，彼國雖允他日棄其治外法權，然皆聲明，「俟查悉中國律例情形、審斷辦法及一切相關事宜皆臻妥善」等語。是已失之法權，不能僅恃本法為挽救，其理甚明。所謂「一切相關事宜皆臻妥善」

〔註28〕 張之洞：《遵旨核議新編刑事民事訴訟法摺》，見苑書義、孫華峰、李秉新主編：《張之洞全集》（第三冊），河北人民出版社，1998 年版，第 1772～1773 頁。

十字，包括甚廣。其外則似指警察完備，盜風斂期，稅捐平允，民教相安等事。其實則專視國家兵力之強弱，戰守之成效以為從違。觀於日本實行管束外國商民，實在光緒二十年以後可以曉然。若果不察情勢，貿然舉行，而自承審官、陪審員以至律師證人等，無專門學問，無公共道德，驟欲行此規模外人貌合鍾離之法，勢必良儒冤抑，強暴縱恣，盜已起而莫懲，案久懸而不結。此臣所謂難挽法權而轉滋獄訟者也。〔註29〕

　　第三，張之洞認為該律「於法律原理枘鑿不合」：西洋各國，皆先有刑法、民法，然後有刑事、民事訴訟法。即日本維新之初，亟亟於編纂法典，亦未聞訟法首先頒行。如刑法及治罪法俱施行於明治十五年，舊民法及民事訴訟法懼公佈於明治二十三年是也。有訴訟之法，尤須有執行之官。故必裁判官權限分明，而後訴訟法推行盡利。如德國之舊訴訟法與裁判所編製法同時實行是也。中國律例，詳刑事而略民事，即以刑事而論，亦與兩律懸殊。綜觀本法所編各條，除「中外交涉」外，大抵多編纂刑法、民法以後之事，或與釐定裁判官制相輔之文。此時驟議通行，非特大礙民情風俗，且於法律原理枘鑿不合。〔註30〕

　　第四，張之洞還反對引進西方陪審制度與律師制度：泰西律師成於學校，選自國家，以學問資望定選格，必求聰明公正之人，其刑官多用此途，優者得入上議院，寄以專責，考以事功。而律師與承審各員同受學堂效益，自不成顯背公理。中國各官治事所治非所學，任官又不出專門。無論近日驟難造就如許公正無私之律師，即選拔各省刑幕入堂肄業，而欲求節操端嚴法學淵深者，實不易得。遂准律師為人辯案，恐律師品格尚未養成，訟師奸謀適得嘗試。且兩造若一貧一富，富者延律師，貧者憑口舌，則貧者雖直而必負，富者雖曲而必勝矣。〔註31〕

　　由於張之洞等地方督撫的反對，《大清刑事民事訴訟法草案》未予公佈。而繼訴訟法後，《大清新刑律》也成為禮教派和法理派爭論最為激烈的法律之

〔註29〕張之洞：《遵旨核議新編刑事民事訴訟法摺》，見苑書義、孫華峰、李秉新主編：《張之洞全集》（第三冊），河北人民出版社，1998年版，第 1773～1774頁。

〔註30〕張之洞：《遵旨核議新編刑事民事訴訟法摺》，見苑書義、孫華峰、李秉新主編：《張之洞全集》（第三冊），河北人民出版社，1998年版，第 1774頁。

〔註31〕張之洞：《遵旨核議新編刑事民事訴訟法摺》，見苑書義、孫華峰、李秉新主編：《張之洞全集》（第三冊），河北人民出版社，1998年版，第 1790～1791頁。

一。光緒三十三年八月二十六日，修訂法律大臣沈家本奏呈《大清新刑律草案》，這是沈家本在日本人岡田朝太郎的幫助下，運用西方資產階級的法律精神和原則編纂的一部具有資產階級性質的法典。由於這部草案與當時現行的《大清律例》相比，有很多的制度創新，特別是打破了兩千多年來的諸法合體體系，廣泛採納了近代西方的刑法原則。最明顯的是它摒棄了中國古代法律禮法合一的傳統，嚴格區分了法律和道德的界限。對於這樣一部打破傳統的刑律草案，沈家本也自知難逃非議和批判，所以在上陳修訂大旨的時候，認為舊律之應改者有更定刑名、酌減死罪、死刑唯一、刪除比附、懲治教育五大端，而隻字未提對「禮法合一」精神的修改。而事實上，新刑律仍然保留了不少禮教條款，用沈家本的話來說是「仍然不戾乎我國歷世相沿之禮教民情」。譬如「關於帝室之罪」，仍然本《春秋》之義列為新刑律《分則》第一章，只不過「修正文詞及處分之階級」而已。﹝註32﹞儘管這樣，圍繞《大清新刑律》的內容，禮教派和法理派還是爆發了一場激烈的論爭。張之洞以軍機大臣兼管學部的身份首先發難，對《大清新刑律草案》有違倫理綱常之處進行了全面和嚴厲的批判：

　　竊維古昔聖王，因倫制禮，準禮制刑。凡倫之輕重等差，一本乎倫之秩序，禮之節文，而合乎天理人情之至者也。《書》曰：「明於五刑以弼五教」。《王制》曰：「凡聽五刑之訟，必原父子之親，立君臣之義以權之」。此我國立法之本也。大本不同，故立法獨異。我國以立綱為教、故無禮於君父者，罪罰至重。西國以平等為教，故父子可以問罪，叛逆可以不死。此各因其政教習俗而異，萬不能以強合者也。今將新定刑律草案與現行律例大相刺謬者，條舉於左：

　　一、中國制刑以明君臣之倫。故舊律於謀反大逆者，不問首從，凌遲處死。新律草案則於顛覆政府僭竊土地者，雖為首魁，或不處於死刑；凡侵入太廟宮殿等處射箭放彈者，或科以一百元以上之罰金。此皆罪重法輕，與君為臣綱之義大相刺謬者也。

　　二、中國制刑以明父子之倫。故舊律凡毆祖父母父母者死，毆殺子孫者杖。新律草案則傷害尊親屬，因而致死或篤疾者，或不科以死刑，是視父母與路人無異。與父為子綱之義大相刺謬者也。

﹝註32﹞ 沈家本：《進呈刑律分則草案摺》，見張國華、李貴連編著：《沈家本年譜初稿》，北京大學出版社，1989年版，第181頁。

三、中國制刑以明夫婦之倫。故舊律妻毆夫者杖，夫毆妻者非折傷勿論。要毆殺夫者斬，夫毆殺妻者絞。而條例中婦人有犯罪坐大男者獨多，是責備男子之意，尤重於婦人，法意極為精微。新律革案則並無妻妄毆夫之條，等之於凡人之例。是與夫為妻綱大相刺謬者也。

四、中國制刑以明男女之別。故舊律犯奸者杖，行強者死。新律草案則親屬相奸，與平人無別。對於未滿十二歲以下之男女為猥褻之行為者，或處以二十九以上之罰金；行強者或處以二等以下有期徒刑。且曰犯奸之罪，與泥飲惰眠同例，非刑罰所能為力。即無刑罰制裁，此種非行，亦未必因是增加。是足以破壞男女之別而有餘地。……〔註33〕

禮法之爭延續數年，在強大的壓力下，沈家本最重辭去修訂法律大臣之職，宣告了法理派的失敗。張之洞和沈家本分別作為禮教派和法理派的首領，可謂是針鋒相對互相批駁。然張之洞的位高權重，且是沈家本保薦人，張之洞對沈家本的影響可謂無時不有。張之洞率先倡導整頓中法，採用西法，而沈家本則身體力行並有所發展。沈家本在修律過程中，也接納了張之洞中體西用的主張，同時又保留了自己獨立的主張並有所超越。事實上，他們都是晚清大變局中的一顆棋子，禮法之爭，正如李貴連先生指出，在文化上說，是外來法文化與傳統法文化或者說是工商文化與農業文化之爭；從制度上說，是舊法與新法之爭；從思想上來說，是家族倫理與個人自由權利或者說是國家主義與家族主義之爭。〔註34〕

〔註33〕此為學部奏摺，雖未能斷定為張之洞手筆，然當為張之洞之意見。張之洞以軍機大臣兼管學部，學部的奏摺沒有張之洞之簽署，何以上奏。請參見張國華、李貴連編著：《沈家本年譜初稿》，北京大學出版社，1989 年版，第 196～197 頁。

〔註34〕請參見李貴連著：《沈家本評傳》，南京大學出版社，2005 年版，第 235 頁。

第六章 沈家本法律改革與近代中國法律與政治現代化

一、變革社會中的法律與政治現代化

　　什麼是法律與政治現代化（近代化）〔註1〕？要回答這個問題，首先要界定現代化是什麼？布萊克從歷史發生學的角度出發，認為現代化是「近幾個世紀以來，由於知識的爆炸性增長導致源遠流長的改革進程所呈現的動態形式。現代化的特殊意義在於它的動態特徵以及它對人類事務影響的普遍性。它發軔於那種社會能夠而且應當轉變、變革是順應人心的信念和心態。如果一定要下定義的話，那麼『現代化』可以定義為：反映著人控制環境的知識亙古未有的增長，伴隨著科學革命的發生，從歷史上發展而來的各種體制適應迅速變化的各種功能的過程」。〔註2〕這一定義強調科學革命對社會變遷的影響以及人類社會生活領域的深刻變革。謝暉指出，現代化的這一定義事實上已經內含了現代化的必然和必要因素：法律現代化。因為定義中的所謂「各種體制」，不論是從內在基礎和外在表徵看，實指法律化的社會要素之運作模式。〔註3〕而列維則從社會結構功能主義角度，把現代化視為「社會現實中的

〔註 1〕　學界基本上在相同的意義上使用現代化和近代化這兩個概念，出於表述和研究的方便，本文將其視為同一概念。
〔註 2〕　C．E．布萊克著，段小光譯：《現代化的動力》，四川人民出版社，1988年版，第11頁。
〔註 3〕　謝暉著：《價值重建與規範選擇：中國法制現代化沉思》，山東人民出版社，2000年版，第41頁。

希望之星，是前所未有的生活方式的飛躍。現代化是社會唯一普遍的出路。」
〔註4〕由此，列維提出了確定現代化和非現代化之間界限的問題，強調現代化
是對傳統社會的一種歷史性超越。因此，本文把法律現代化定義爲從傳統法
律到現代法律的一種動態進程，在這個進程中，傳統的法律觀念、制度體系
和行爲方式都發生了變革，具有普遍有效性的法律成爲社會控制的主要的甚
至唯一的方式。

在某種意義上說，法律現代化是社會法律發展進程中的一場深刻的革
命。〔註5〕一場徹底的革命，不僅涉及新的政府形式的創設，而且也涉及新
的社會、經濟和法律關係結構的重構，以及新的普遍價值和信仰的確立。法
律的革命方面，就在於它從根本上改變了舊的法律制度的本質與結構，確立
了一種新的法律正義標準及其運作機制，從而給新的社會生活系統提供有效
的規範與制度支持。因此，伯爾曼指出，「每次革命都可以這樣看待：與其
說它造成了破壞，不如說它促成了轉變。每次革命都不得不與過去妥協，但
它也成功地產生一種新法律，這種新法律體現革命爲之奮鬥的許多主要目
標。」〔註6〕從法律現代化的歷史進程的角度看，晚清的政治改革既是一場
空前的社會改革運動，同時又引發了中國法律由傳統中華法系向西方大陸法
系的深刻轉換，從根本上改變了中國法律發展的軌跡，因此堪稱是一場眞正
的法律革命，正是在這個意義上，本文將晚清法律改革視爲中國法律現代化
的起點。

現代化理論認爲，按照一定的標準，可以將世界上所有的國家分成傳統
社會和現代社會兩種類型，而社會的發展與進步或者說現代化即是從傳統社
會邁向現代社會的過程。美國學者 M·J·列維則認爲現代化社會與非現代化
社會在社會結構方面的特點，並將兩者的差別概括爲以下八點：「(1) 現代化
社會的政治組織、經濟組織、教育組織等諸單位的專業化程度高，而非現代
化社會的專業化程度則比較低；(2) 在現代化社會，由於專業化程度比較高，

〔註4〕 M.J.列維著，吳陰譯：《現代化的後來者與倖存者》，知識出版社，1990 年版，
第 2 頁。
〔註5〕 「革命這個詞不僅用於指新體制藉以產生的最初暴力條件，而且也指體制
得以確立所需要的整個時期」。請參見 J.伯爾曼著，賀衛方等譯：《法律與
革命 —— 西方法律傳統的形成》，中國大百科全書出版社，1993 年版，第
23 頁。
〔註6〕 J.伯爾曼著，賀衛方等譯：《法律與革命 —— 西方法律傳統的形成》，中國大
百科全書出版社，1993 年版，第 26 頁。

諸單位是相互依存的，功能是非自足的，而在非現代化社會，親屬群體和近郊共同體的自足性比較強，缺少功能的分化；（3）在現代化社會，倫理具有普遍主義性質，而在非現代化社會，由於家庭、親屬的社會關係比較密切，倫理具有個別的性質；（4）現代化社會的國家權力是集權但不是專制，而非現代化社會的國家權力如同封建制一樣，即使在權力比較分散的情況下，其性質也仍然是專制的；（5）現代化社會的社會關係是合理主義、普遍主義、功能有限和感情中立，而非現代化社會的社會關係是傳統的、個別的、功能無限和具有感情色彩的；（6）現代化社會有發達的交換媒介和市場，而在非現代化社會，交換媒介和市場尚未發展起來；（7）現代化社會具有高度發達的科層制組織，而在非現代化社會，即使有科層制組織也是建立在個別的社會關係之上的；（8）現代化社會的家庭是向小家庭發展，其功能也正在變小，而非現代化社會的家庭結構是多樣化的，家庭功能也是多重的。」〔註7〕因此，「這種被成爲現代化的過程不局限於社會現實的一個領域，而是包括社會生活的一切基本方面。」〔註8〕

　　美國著名學者亨廷頓則認爲，現代化是一個多層面的進程，它涉及到人類思想和行爲所有領域裏的變革。它就像丹尼爾‧勒納所說的，「是一個具有其自身某些明顯特質的進程，這種明顯的特質足以解釋，爲什麼身處現代社會之中的人們確能感受到社會的現代性是一個有機的整體」。「城市化、工業化、世俗化、民主化、普及教育和新聞參與等，作爲現代化進程的主要層面，它們的出現絕非是任意而互不相關的。」從歷史角度來看，「它們是如此地密切相聯，以致人們不得不懷疑，它們是否算得上彼此獨立的因素，換言之，它們所以攜手並進且如此有規律，就是因爲它們不能單獨實現。」而和政治關係最密切的現代化各層面可以廣義地概括爲兩類：第一，用多伊奇的公式，社會動員是一個過程，通過它「一連串舊的社會、經濟和心理信條全部受到侵蝕或被放棄，人民轉而選擇新的社交格局和行爲方式」。它意味著人們在態度、價值觀和期望等方面和傳統社會的人們分道揚鑣並向現代社會的人們看

〔註7〕　富永健一：《「現代化理論」今日之課題——關於非西方發展社會發展理論的探討》，載於塞繆爾‧亨廷頓等著，羅榮渠等譯：《現代化：理論與歷史經驗的再探討》，上海譯文出版社，1993年版，第113頁。
〔註8〕　A‧R‧德賽：《重新評價「現代」概念》，載於塞繆爾‧亨廷頓等著，羅榮渠等譯：《現代化：理論與歷史經驗的再探討》，上海譯文出版社，1993年版，第28頁。

齊。這是掃盲、教育更大範圍的交際、大眾媒介和都市化的結果。第二，經濟發展指的是整個社會經濟活動和產品的增長。它可以用平均國民生產總值、工業化水平來衡量，還可以用個人享受的福利水準來衡量，而確定福利水準又不外乎平均壽命率、熱量攝取數、醫院和醫生平均佔有量一類的指數。社會動員涉及到個人、組織和社會渴求的變化；經濟發展涉及到個人、組織和社會能力的變化。對現代化來說，這兩種變化缺一不可。〔註9〕

　　與對現代化的理解相同，學者們給政治現代化下定義的方法更是不勝枚舉。這些定義大部著眼於現代化政體和傳統政體二者假定特點的區別，這樣，政治現代化就自然而然地被認為是一種由此及彼的運動。亨廷頓則認為政治現代化最關鍵的方面可以大致可以歸納為以下三個內容。第一，政治現代化涉及到權威合理化，並以單一的，世俗的。全國的政治權威來取代傳統的、宗教的、家庭的和種族的等等五花八門的政治權威。這一變化意味著，政府是人的產物而不是自然或上帝的產物，秩序井然的社會必須有一個明確的來源於人的最高權威，對現存法律的服從優先於履行其他任何責任。……第二，政治現代化包括劃分新的的政治職能並創制專業化的結構來執行這些職能。……第三，政治現代化意味著增加社會上所有的集團參政的程度。……因此，權威的合理化、結構的離異及大眾參政化就構成了現代政體和傳統政體的分水嶺。〔註10〕

　　現代化理論一致認為，在社會發展中，法律扮演著一個非常重要的角色，發揮著極其重要的作用。特別是法律改革在廣大不發達國家的經濟和政治發展中將扮演一個主要角色，而且這些不發達國家的政治改革的方向將由其法律制度來決定。他們還進一步認為，這些法律制度又應該基本上和西方世界的法律制度相似，故這種法律改革應該將西方社會業已發展出來的那些制度和思想觀念移植到第三世界，以期產生出融經濟、社會和政治為一體的發展。〔註11〕在他們看來，法律的進化或許是和社會的進化同步進行的，在此基礎上設計和構想法律改革便成為可能。斯坦福大學法學院教授 L.M. 弗

〔註 9〕 塞繆爾·亨廷頓著，王冠華等譯：《變化社會中的政治秩序》，三聯書店，1996年版，第30～31頁。

〔註10〕 塞繆爾·亨廷頓著，王冠華等譯：《變化社會中的政治秩序》，三聯書店，1996年版，第31頁。

〔註11〕 David F. Greenberg, Law and Development in Light of Dependency Theory, in Anthony Carty ed., Law and Development, Dartmouth Publishing Company Limited 1992, P.90.

里德曼就曾經指出：「法律制度顯然是政治的、社會的和經濟發展的一個組成部分，就像教育制度和其它文化領域一樣」。〔註 12〕法律制度和法律機構實際上是對社會政治變革的某種回應，在一個急劇變革的社會中，隨著社會從部落制度轉向貨幣經濟體制，法律必然要發生變化，並且成為促進和支持新的政治、社會與經濟現實的重要手段。如果法律傳統不能依靠自身來支持這一新的事實，那麼新的法律就必須被創制出來，或者必須從外部世界引進。在這種情況下，對待法律的新的態度和觀念，常常成為社會變革的推進力量。

馬克思主義經典作家在分析唯心主義法學家的思想根源時指出，「在許多唯心主義法學家那裡，往往抱著一種法的獨特幻想，認為法具有自己獨立的歷史，因而似乎政治史和經濟史就由純觀念變成了一個換一個的法律的統治史」，按照馬克思、恩格斯的觀點，「法也和宗教一樣是沒有自己歷史的」。〔註 13〕在社會發展的每一個階段，只有與其相適應的法律形式，生產力作為最活躍最革命定因素，發展到一定階段，必然會同它們一直在其中活動的現存關係或作為生產關係的法律作用於的財產關係發生矛盾，這種矛盾日益擴大，社會危機和變革的時代就到了，這就必然要變革社會中現存的「官方政治形式」，改變舊的法律體系，從而促進舊法制向新法制的歷史飛躍。「舊法律是從這些舊社會關係中產生出來的，它們也必然同舊社會關係一起消亡。它們不可避免地要隨著生活條件的變化而變化。不顧社會發展的新的需要而保存舊法律實質上不是別的，只是用冠冕堂皇的詞句作掩護，維護那些與時代不相適應的私人利益，反對成熟了的共同利益。這種保存法制基礎的做法，其目的在於使那些已經不占統治地位的私人利益成為占統治地位的利益；其目的在於強迫社會接受那些已被這一社會的生活條件、獲取生活資料的方式、交換以及物質生產本身宣判無效的法律；其目的在於使那些專門維護私人利益的立法者繼續掌握政權；其結果會導致援用國家權力去強迫大多數人的利益服從少數人的利益。因此，這種做法時刻與現存的需要發生矛盾，它阻礙交換和工業的發展，它準備著以政治革命方式表現出來的社會危機。」故法律應該以社會為基礎，法律應該是社會共同的、由一定物質生產

〔註 12〕 Lawrence M. Frideman, Legal Culture and Social Development, in Law and Society Review, Vol.4, No. 1, 1969, P.29.

〔註 13〕 馬克思、恩格斯：《德意志意識形態》，見《馬克思恩格斯全集》（第三卷），人民出版社，1960 年版，第 71 頁。

方式所產生的利益和需要的表現。〔註14〕

任何社會若要持久存在，就必須具有容納個人自私傾向並對集團衝突加以控制的某種系統或過程。而現代社會主要是通過法律，即通過規則而獲得某種秩序，現代化必須將這種社會控制制度化。故法律發展本身是社會發展的一個重要組成部分，法律作為一種社會規範和價值體系，是社會生活本身發展所不可或缺的，法律以其特有的形式，標誌著社會文明的發展進程。正如馬克思所說的，「每種生產形式都產生它所特有的法的關係、統治形式等等。」〔註15〕現代法律就是現代社會的必然伴生物，也只有現代法律才能促進社會發展，傳統社會要向現代社會轉變，絕不能依靠傳統法律，必須首先進行法律制度的改革，實現法律的現代化。「如果一個社會需要有經歷某種劇烈的政治和經濟變化的計劃，它就必須進行法律上的激烈變化。如果它想進行現代化，特別是如果他想要更快地現代化，其法律制度就必須迅速改變，甚至被完全替換」。因為「這是很清楚的，任何劇烈的社會變遷都意味著一個在法律上的劇烈變化。當一個社會從部落制向國家形態和商品經濟運動時，法律也將被迫改變。如果法律傳統不能依靠自己來支持這些計劃，那新的法律 —— 有時是大量的 —— 就必須被創制或者從外部引進來」。〔註16〕

總而言之，政治現代化是社會政治體系的合法化、民主化的過程。在這一過程中，政治制度要由法律設定，政治民主要由法律來保障，而政治統治、政治管理和政治參與等行為必須遵循一定的程序和規範，才能合理有序地進行。所以只有現代的法律才能對政治制度起確定作用，對政治行為起調整作用，對政治意識起促進作用，法律現代化是政治現代化實現的基本路徑。

二、沈家本法律改革與近代中國法律現代化

晚清的法律改革被公認為是近代中國法律現代化的開端，而主持修律的沈家本也被人們譽為「中國法律現代化之父」，「使肩負沉重歷史包袱的古老中國的傳統法制的桎梏中掙扎出來，並為其創造了一個現代化法制的宏遠架

〔註14〕 馬克思：《對民主主義者萊茵區域委員會的審判》，見《馬克思恩格斯全集》（第六卷），人民出版社，1961年版，第291～292頁。

〔註15〕 馬克思：《經濟學手稿（1857～1858）‧導言》，見《馬克思恩格斯全集》（第四十六卷，上冊），人民出版社，1980年版，第25頁。

〔註16〕 Lawrence M. Friedman, Legal Culture and Social Development, 4 Law and Society Review, 1969, P.37.

構」。〔註17〕而事實上，學界對於沈家本的評價素來是有爭議的。早在沈家本主持修律期間就曾遭到不少非議，這種非議一直持續到二十世紀三、四十年代，以致當時甚至有所謂「反沈派」之稱。而八十年代中期特別是九十年代以後，貶聲漸渺而褒揚之聲則幾有震耳欲聾之勢，學界主流學者均對沈家本推動我國法律現代化所做的貢獻給予了高度的評價。近年來，則有學者對沈家本的評價進行了反思，有學者認爲：「沈家本不自覺地將中國法律現代化的進程引向了一個誤區：清末修律的表面成功，掩蓋了其自身致命的缺陷，並給人造成了一個錯覺，即法律的現代化如此容易又如此簡單，無非照搬照抄西方法律條文而已。從此，使陷入這個誤區的近現代立法者及法律家們，只知埋頭致力於並滿足於對西方法律形式化的移植和模仿，反而對最有價值、最終決定法律現代化是否成功的法治精神和原則無動於衷。因此，沈家本雖被譽爲『中國法律現代化之父』，實則也是誤導中國法律現代化走向的第一人。」〔註18〕我認爲，對沈家本的過高或者過低的評價都是不足取的，評價沈家本對中國法律現代化的貢獻，應該立足於沈家本法律改革的本身，並將之放在具體的歷史背景下加以審視，才能做到公允客觀的評價。

（一）沈家本對近代中國法律現代化的貢獻

沈家本主持的晚清修律，在中國法制史上具有劃時代的意義，它雖然是走投無路的清政府爲了維護其統治而被迫採取的一項改革措施，在客觀上卻促成了中國法律的現代化。沈家本對近代中國法律現代化的貢獻主要體現在：

1、法律體系變革：建立了近代法律體系

長期以來，中國的傳統法律以「諸法合體、重刑輕民」爲特徵，不存在實體法與程序法、刑法與民法的區分。近代以降，隨著國內外形勢的劇變，傳統的法律已無法適應時代的發展，改革法律以合「各國大同之良規和近世最新之學說」迫在眉睫。以「模仿列強」爲宗旨的晚清修律，在沈家本的主持下，不僅對傳統法律進行了重大的修改，更爲重要的是大量引入西方的法律文化和法律原則，編纂並頒行了大量的新式法律，建立了極具近代性的「六

〔註17〕黃辭嘉：《沈家本——我國法制現代化之父》，載於張國華主編：《博通古今學貫中西的法學家》，陝西人民出版社，1992年版，第32頁。

〔註18〕馬建紅、徐祥民：《中國法律史學會98學術研討會綜述》，見中國法律文化網：http：//www.law-culture.com。

法」的法律體系。

(1) 刑法及相關法規

沈家本從「各法之中，尤以刑法為切要」處罰，集中精力於改造和制定新刑律。其第一步是修改《大清律例》，修訂《大清現行刑律》並於 1905 年由清廷「刊刻成書，頒行京外，一體遵守」。其次是從 1906 年開始起草新刑律，歷時六年，七易其稿，至 1911 年頒行，定名為《大清新刑律》。這部刑法典是晚清最重要的修律成果之一，對傳統刑法從形式和內容上都進行了重大改革。

(2) 民法及相關法規

「中國自古以來……沒有或者很少有與近代民法和商法相似的法律」，〔註19〕沈家本主持的晚清修律，改變了這種局面。1907 年，民政部大臣善耆建議修訂民法，修訂法律館遂將編纂民法列入修律計劃。1908 年，沈家本聘請日本法學家志田鉀太郎和松岡義正為顧問，起草民法總則、債權和物權三編，後又將民法的親屬編、繼承編交由章宗元等起草，1911 年，《大清民律草案》告成，史稱「民律一草」，在中國民法發展史上具有重要意義。此外，沈家本還主持修訂了與民法相關的民事法規，有《票據法》、《公司例》、《商人通例》、《破產律》以及《著作權律》等。

(3) 民事訴訟法及相關法規

鑒於「審判實踐中民事、刑事性質各異，雖同一法庭，而辦法要宜有區別」，沈家本在奏請編訂訴訟法時極力主張「分別刑事、民事」。1906 年，中國第一部訴訟法《大清刑事民事訴訟法草案》在沈家本的主持下編成，奏請實行。這部草案吸收了西方國家的陪審制度和律師制度，由於體制和理念的新穎，遭到了各省督撫的反對而被擱置。不得已，1907 年起，沈家本等開始分別起草刑事和民事訴訟律，1911 年完成《大清民事訴訟律草案》，提請審議，開中國民事訴訟法之濫觴。

(4) 刑事訴訟法及相關法規

沈家本極為重視刑事訴訟法的制定，他曾經指出：「查諸律中，以刑事訴

〔註19〕 古宙三：《1901～1911 年政治和制度的改革‧其他改革方案》，見費正清、劉廣京主編：《劍橋中國晚清史》（下），中國社會科學出版社，1996 年版，第469 頁。

訟律尤爲切要。西人有言曰：刑律不善，不足以害良民；刑事訴訟律不備，即良民亦罹其害。蓋刑律爲體，而刑訴爲用，二者相爲維繫，固不容偏廢也」。〔註20〕在日本法學家志田鉀太郎的協助下，以日本 1890 年頒行的刑事訴訟法爲藍本，《大清刑事訴訟律》於 1911 年宣告完成。前一年，沈家本還主持制定了《大清監獄律草案》；此外，沈家本還主持制定了與刑事訴訟法相關的一些條款，譬如《議恤相驗條》、《大理院稽察票傳人章程》、《狀紙通行格式章程》等。

（5）法院編製法

1906 年大理院奏請「自應將裁判之權限區分劃明，次第建設，方合各國憲政之制度」。沈家本等根據此建議，不久制定了《大理院審判編製法》，1907 年修訂法律館又編成了《法院編製法》，並於 1910 年正式頒行。沈家本將西方三權分立原則引入《法院編製法》，力求實現政刑分離，司法獨立，這顯然是一大進步。

（6）行政法及相關法規

在晚清修律中，沈家本等根據國內外形勢，仿照西方近代行政法原則，制定了數量眾多的行政法規，相關的行政立法也取得了長足的發展。晚清政治改革的第一步官制改革即是以《預備立憲先行釐定官制諭》和《釐定中央官制諭》的頒佈而揭開了序幕。爲保證官制改革的有序進行，清政府先後制定和頒行了《民政部官制章程》、《學部官制》、《禮部職掌員缺》、《陸軍部官制》、《法部官制》、《農工商部職掌員缺》、《內閣官制各省官制通則》、《各省學務官制》等等中央政府和地方政府的相關官制法規。並制定了有關官員的選拔、任用和獎懲的條例《法官考試任用暫行章程實行細則》、《州縣改選章程》、《切實考覈外觀章程》等。

爲了保證行政體制改革的切實進行，清政府還頒行了《欽定行政綱目》，宣佈實行君主立憲政體下的立法、行政和司法三權分立的國家制度。此外，還制定了《大清印刷物專律》、《大清報律》、《商會簡明章程》、《商標註冊試辦章程》、《國籍條例》、《警務局章程》等一系列行政法規。〔註21〕

〔註20〕轉引自張國華、李貴連編著：《沈家本年譜初稿》，北京大學出版社，1989 年版，第 248 頁。

〔註21〕由於各法的制定過程前文大部均已有詳述，故此處從簡。另請參見張晉藩著：《中國法律的傳統與近代轉型·沈家本與晚清修律》，法律出版社，1999 年版，第 449～464 頁。

綜上所述，以上法律法規的編訂，打破了中國傳統法典編纂的結構形式，建立了比較完整的部門法體系，極大的推進了中國法律的近代化。從此中國的法律有了實體法與程序法、刑法與民法、商法、行政法的明確分工，從諸法合體、單一法典，到「六法」初具規模，意味著一種全新的極具現代性的法律體系的出現，中國法律至少在形式上已經開始現代化了。

2、法律觀念變革：確立了近代法律原則

在修律的過程中，沈家本引入了大量的近代西方國家法律原則，正是這些原則的引進，使得晚清修律具有一定的先進性，以這些原則編訂的法律具有一定的現代性。這些原則是：

（1）司法獨立原則

中國傳統政治制度的特點是行政權和司法權兩者合一，上至皇帝，下至州、縣官莫不如此。這種政治模式在價值形態上與現代司法獨立精神背道而馳，在很大程度上助長了行政專橫，長期以來，地方行政長官兼任地方審判，在司法中使用野蠻的酷刑拷打，逼取口供，決斷任情恣意，以致冤案迭出，民不聊生。沈家本對此是有其深刻認識的，他曾經指出：「州、縣官以濫用法權反致民離眾叛」，〔註22〕因而非常反對中國的行政官兼司法官、行政官干預司法的制度。

隨著對西方政治法律制度的逐步深入的瞭解，沈家本極爲推崇近代西方資本主義國家司法權獨立的精神，主張在中國也實行司法獨立。沈家本指出：「西國司法獨立，無論何人皆不能干涉裁判之事，雖以君主之命，總統之權，但有赦免而無改正。中國則由州縣而道府而司而督撫而部，層層轄制，不能自由。」沈家本還認爲西方的這種制度在中國古代已經初具雛形：「大司徒所屬之鄉遂大夫諸官，各掌鄉遂之政教禁令，而大司寇所屬之鄉士、遂士、縣士，分主國中遂縣之獄，與鄉遂諸大夫分職而理，此爲行政官與司法官各有攸司，不若今日州縣行政司法混合爲一。尤西法與古法相同之大者」。〔註23〕沈家本進而分析了行政官兼理司法的弊端：「政刑叢於一人之身，雖

〔註22〕沈家本：《酌定司法權限並將法部原擬清單加具案語摺》，見故宮博物院明清檔案部編：《清末立憲籌備檔案史料》（下），中華書局，1979 年版，第 827 頁。

〔註23〕請參見沈家本：《裁判訪問錄序》，見李光燦著：《評寄簃文存·並載：〈寄簃文存〉卷六》，群眾出版社，1985 年版，第 377～378 頁。

兼人之資，常有不之勢，況乎人各有能，有不能。長於政教者，未必能深通
法律；長於治獄者，未必為政事之才。一心兼營，轉致兩無成就」。

　　在清政府宣佈仿行立憲後，沈家本更把在中國應實行司法獨立的思想提
高到了憲政的高度。他說，「憲法精理以裁判獨立為要義，此東西各國所同
也……竊維東西各國憲政之萌芽，俱本於司法之獨立，而司法之獨立，實賴
法律為之維持，息息貫通，捷於形影，對待之機，固不容偏廢也……司法獨
立，為異日憲政之始基」。〔註24〕從這個認識出發，沈家本主持的修律館最
先制訂了《刑事民事訴訟法草案》，企圖全面改革司法制度；由他主持修訂
的《法院編製法》更是明確規定行政主官及檢察官「不得干涉推事之審判」。
在沈家本的反覆陳奏下，清廷也在上諭中表示：「自此頒佈《法院編製法》
後，所有司法之行政事務，著法部認真督理，審判事務著大理院以下審判各
衙門各按國家法律審理。以前部院權限未清之處，即著遵照此次奏定各節，
切實劃分。嗣後各審判衙門，朝廷既予獨立執法之權，行政各官即不准違法
干涉。」〔註25〕這不可不謂是中國傳統法制邁向近代的一大進步。

　　(2) 法律面前人人平等原則

　　禮的等差性與法的特權性相結合是中國傳統法律的一大特點，所謂的
「刑不上大夫，禮不下庶人」正是這種不平等性的突出表現。傳統法律在立
法時便已是良賤有別、同罪異罰，在司法審判和監禁時，也實行不平等原則，
貴族官僚在法律上享有議、請、減、贖、免等特權。直到近代，沈家本才將
法律面前人人平等的資產階級法治原則輸入到了新制訂的法律之中。

　　譬如沈家本極力主張廢除奴婢制度，禁止買賣人口就是體現了法律面前
人人平等的原則。沈家本強烈譴責落後「以奴婢與財物同論，不以人類視之」
的封建法律，指出「不知奴亦人也，豈容任意殘害，生命固應重，人格尤宜
遵」，而且買賣人口為奴的制度「久為西國所非笑」，又「與頒行憲法之宗旨
顯相違背」。因而，他建議永禁公開買賣人口，如有違犯，「買者賣者，均照

〔註24〕請參見沈家本：《酌定司法權限並將法部原擬清單加具案語摺》，見故宮博物
　　　　院明清檔案部編：《清末立憲籌備檔案史料》（下），中華書局，1979年版，第
　　　　827頁。
〔註25〕請參見張國華、李貴連編著：《沈家本年譜初稿》，北京大學出版社，1989年
　　　　版，第166頁。

違制罪治罪」。〔註26〕沈家本還建議取消旗人的特權，按《大清律例》旗人犯遣軍流徒各罪，享有換刑、減罪的法定特權，而重新制訂的《大清新刑律》中則規定「嗣後旗人犯遣軍流徒罪，照民人一體同科，實行發配」；過去禁止旗民交產的法律也一概廢除，滿漢人之間「贏絀可以相濟，有無可以相通」。〔註27〕如此等等，雖然沈家本在具體的執行過程中有所保留，譬如他以妻為限制行為能力人等等，但畢竟是有史以來的一大進步。

(3) 人道主義原則

傳統的中國法律重刑輕民，歷代君主無不以殘刑酷法來維持自己的統治，更毋庸談對人民對人權的重視。近代以來，隨著西方法律文化在中國的傳播，沈家本接受了西方「天賦人權」的思想，並將之貫徹到修律的實踐中，西方法律文化人道主義的原則深刻的影響了中國法律的發展。

在修律中貫徹人道主義原則，主要體現在對酷刑的廢除。沈家本在《刪除律例內重法摺》中力倡「刑法之當改重為輕」為「今日仁政之要務」，主張刪除現行律例中凌遲、梟首、戮屍等酷刑和廢除緣坐、刺字各條，並提出死刑唯一說。這個奏摺，得到清政府的肯定，中國傳統的封建五刑最終被西方刑法中的刑罰制度所取代。沈家本還改良監獄、改善獄囚待遇、建立模範監獄。沈家本從「刑罰與監獄相為表裏」的認識出發，在修訂新刑律的同時也把改良監獄提上日程。他在《監獄訪問錄序》一文中，提出「設獄之宗旨「非以苦人辱人，將以感化人也」。1907 年他在《實行改良監獄注意四事摺》中，提出了完整的改良監獄方案。主要內容是改建新式監獄，博采各國新規編定監獄章程，借監獄之地，施教誨之方；以感化人為設獄的宗旨，反對嚴酷的威嚇主義；對少年犯改用懲治處分等等。此外，沈家本還力倡禁革奴婢制度，永禁人口買賣，都體現了人道主義精神。

另外沈家本引入並確立的近代法律原則還有罪刑法定原則等等，由於前文已有詳細闡述，這裡不做重複。另外，沈家本還非常重視引入西方法律著作，鼎力推行近代中國法學和法律教育，積極培養中國法理人才等等，為中

〔註26〕請參見沈家本：《禁革買賣人口變通舊例議》和《刪除奴婢律例議》，見李光燦著：《評寄簃文存·並載：〈寄簃文存〉卷六》，群眾出版社，1985 年版，第202～210 頁。

〔註27〕請參見沈家本：《變通旗民交產舊制摺》，見李光燦著：《評寄簃文存·並載：〈寄簃文存〉卷六》，群眾出版社，1985 年版，第 198～201 頁。

國法律接軌世界創造了條件。一言以蔽之，沈家本主持的晚清修律，是中國法律思想史上的一個重要里程碑，極大的推動了中國法律現代化的進程。

（二）從法律移植維度審視沈家本修律

從人類法律的生成方式來看，大致可以分為兩種：一種是在本民族、本地方產生並經本民族、本地方人民長期培育、發展起來的一脈相傳的完全本土性的法律；另一種生成方式是通過法律移植，即將在其他地方或民族生成的法律引進到本地區、本民族，從而逐漸成為本民族、本地區的法律。對於後者，有這樣一些問題：一是法律移植何以可能？二是如何將外來的法律文化與固有的法律文化實現融合併最終為當地人們所接納即如何實現法律的本土化？

1、法律移植與法律本土化的一般理論

關於法律移植的概念，學界尚未有共識，但大概可以認為它是「法律」和「移植」這兩個語詞的組合，是西方法學家從植物學和醫學的移植現象得到的啟示。有學者認為，「從植物學術語的角度，移植意味著整株植物的移地栽培，因而有整體移入的意思。但是，從醫學術語的角度看，器官的移植顯然是指部分的移入而非整體的移入，而且器官移植還可使人想到人體的排他性等一系列複雜的生理活動的過程。」〔註28〕據此，我國著名法理學家張文顯教授進一步認為，法律上的「移植」是醫學意義上的移植，是將「移植」這個概念引入法學領域，使之與「法律」構成一個合成的概念「法律移植」，這是了不起的學術發明和思想解放。〔註29〕

事實上，國內外學者對法律移植的概念可謂眾說紛紜。英國法律史學家阿蘭‧沃森通過比較研究不同族群、國家的法律史系統地探討了法律移植問題，他認為法律移植「即一條規則，或者一種法律制度自一國向另一國，或者自一個民族向另一民族的遷移。」〔註30〕德國法學家萊茵斯坦責則認為法律移植是指：「在一種法環境中發展的法秩序在與此不同的法環境中有意識地

〔註28〕王晨光：《不同國家法律間的相互借鑒與吸收 —— 比較法研究的一項重要課題》，載於《中國法學》，1992 年第 4 期。

〔註29〕張文顯：《繼承‧移植‧改革 —— 法律發展的必由之路》，載於《社會科學戰線》，1995 年第 2 期。

〔註30〕阿蘭‧沃森著、賀衛方譯：《法律移植論》，載於《比較法研究》，1989 年，第 1 期。

得到實施的現象。」〔註 31〕兩者的區別在於，後者將法律移植看作是有意識的行為，而且法律移植的內容是更為寬泛的「法秩序」，並強調法律移植並不僅僅局限於國家或民族之間，頗有創建地提出了法環境的概念。而國內學者則以王晨光為代表，認為法律移植是在我國，從約定成俗的角度看，習慣上使用的「借鑒與吸收」這兩個詞更為便利和準確。〔註 32〕故本文認為，所謂法律移植就是，指的是有意識地將一個國家或地區、民族的某種法律在另一個國家或地區、民族推行，並使其接受從而成為後者法律體系有機組成部分的活動。

自孟德斯鳩以來，國外學者圍繞法律移植的可能性問題展開了曠日持久的論戰。孟德斯鳩在其名著《論法的精神》中認為「為某一國人民而制定的法律，應該是非常適合於該國人民的，所以，如果一個國家的法律竟適合於另外一個國家的話，那麼是非常湊巧的事。」〔註 33〕在他看來，一個國家或民族的法律是與其氣候、地理環境、人種、人口、風俗習慣、宗教信仰等密切聯繫的，法律是這些因素相互作用的綜合產物。世界上沒有哪兩個國家或民族的歷史文化傳統和自然環境會一模一樣，因此法律是不相通的法律移植是不可能的，孟德斯鳩的這個結論長期支配著西方法學界。

20 世紀 70 年代，西方比較法學界圍繞法律移植的可能性問題展開了論戰，論戰主要在英國法學家奧·卡恩·弗倫因德和阿蘭·沃森之間展開。弗倫因德援引孟德斯鳩的觀點，認為在孟德斯鳩之後的 200 年，雖然阻礙法律移植的地理、社會、經濟和文化這些環境因素雖然仍有效，但已經失去了重要性，然而政治因素的重要性卻大大加強了。弗倫因德的政治因素主要是指以下三個方面：一是指共產主義國家和非共產主義國家之間的不同以及資本主義世界中專制制度與民主制度之間的不同；二是指民主制中的總統制與議會制之間的不同；三是指各種「有組織的利益集團」的影響。阿蘭·沃森逐一反駁了弗倫因德的上述觀點。他認為：首先，歷史已經證明法律移植的可能性。其次，政治因素的主導性值得疑問。沃森在其後來的著述中還進一步

〔註31〕 王雲霞：《法律移植二論》，載於《公安大學學報》，2002 年第 1 期。
〔註32〕 王晨光：《不同國家法律間的相互借鑒與吸收 —— 比較法研究的一項重要課題》，載於《中國法學》，1992 年第 4 期。
〔註33〕 孟德斯鳩著、張雁深譯：《論法的精神》（上冊），商務印書館，2004 年版，第 6 頁。

認爲，法律移植是歷史上普遍的現象，移植是發展的最富成果的源泉。對此，著名法學家沈宗靈先生認爲，弗倫因德和沃森論戰的核心，事實上並非法律移植是否可能，他們的分歧在於法律移植的程度以及他們對法律概念本身的理解。〔註34〕

那麼，法律移植的可能性基礎何在呢？

首先，在全球化背景下，一種文化不可能在全封閉的環境中生存。要想維持其活力，就必須保持一種開放的心態，與其它文化在相互開放、相互衝擊的過程中相互交融，逐漸達成必要的共識。否則對話和交往將無法繼續，該種文化也會因爲與其他文化無法達成共識而面臨沒落的危險。正是在這種文化互動的基礎上，法律制度的一些基本價值和觀念，才會在全世界範圍內得到普遍認可，成爲交往、對話中的基本倫理共識。這種共識，正日益成爲法律制度的倫理基礎，使不同國家、民族和文化體系間的法律制度的通約性得以增強，也使得不同國家、民族和文化體系間的法律移植得以可能。

其次，法律移植是豐富法律文化和進行法律改革的重要途徑。一項法律制度首創於一個特定的國家或民族，但這種首創性的革新是極其罕見的，有學者認爲其比例不過千分之一。只有不斷引進、吸收國外法文化的精華，才能使本民族的法律文化豐富多彩，否則只能走向衰亡。對此龐德也曾指出：「一種法律制度的歷史在很大程度上乃是向他國法律制度借用材料以及將法律之外的材料加工以同化的歷史」。

法律移植是可能的，也是必要的，那麼法律本土化的途徑何在？或者說其方式是什麼呢？據金耀基先生介紹，本土（化）運動這個觀念是人類學者林頓首先使用的，根據他所下的定義，用來指「兩個文化接觸時，某一文化的部分成員（因感於外來文化的壓力）企圖保存或恢復其傳統文化的若干形象之有意的及有組織的行動，總言之，本土運動是一個主位文化因客位文化的衝擊下而引起的重整反應。」〔註35〕本文所說的本土化，則指對通過法律移植這種方式而被引進到本民族、本地區的外來法律進行整合併使其融入到本民族、本地區國民的文化心理當中的過程，即是移植法律的本土化過程。

從社會學的角度來理解法律，法律的主要功能在於建立和保持一種大致

〔註34〕沈宗靈：《論法律移植和比較法學》，載於《外國法譯評》，1995年第1期。
〔註35〕金耀基：《從傳統到現代》，中國人民大學出版社，1999年版，第126頁。

確定預期，以便利人們的相互交往和行爲。正是從這個角度，制度學派的學者更是將法律定義爲一種能夠建立確定預期的正式的制度。譬如韋伯認爲資本主義生產和發展都要求法律可以理性的計算；〔註 36〕；盧曼則認爲法律的功用就是協調人們的預期以排除偶然性；〔註 37〕波斯納則認爲法律規則的作用就在於減少信息費用，減少不確定性；〔註 38〕霍貝爾則認爲法律的首要功能就是確定社會成員之間的關係，以表明什麼行爲是社會允許的，什麼行爲是社會禁止的；〔註 39〕如此等等。然而，並不是只有現代社會的成文法才能確立這種大致確定的預期，各種傳統和習慣也能起到這種建立預期和規制人們行爲的作用，在某些社會中甚至更爲有效。況且法律不能規定一切，法律所未能規定的，需要各種慣例發揮作用，而事實上，許多法律恰恰是對社會生活中通行的習慣的總結、確認或者昇華。故蘇力指出，法律的本土化必須注重利用與本土的資源，注重本土的法律文化的傳統和實際。〔註 40〕

2、沈家本法律改革中的法律移植與法律本土化

而事實上沈家本主持的晚清法律改革，正是以法律移植爲主的。其中，日本作爲法律移植和理性設計的成功範例起了相當大的引導作用，通過法律移植實現中國法律的現代化，在當時幾成共識，沈家本也不例外。難能可貴的是，沈家本等在移植法律的過程中，表現出了靈活開放的心態，十分重視法律的本土化問題。在學習與移植外國法時，一方面，他們力倡「參諸各國法律，悉心考訂，務期中外通行，有裨治理」；另一入面，他們又強調「凡我舊律義理倫常諸條，不可率行變革」。對此，學界幾乎都持批判的態度，認爲這是變革的不徹底性和封建的遺留，我則認爲這是典型的法律本土化的表現。或許，這才是最適中的辦法。

沈家本等採取的法律本土化的途徑主要體現在兩個方面：

〔註 36〕 Max Weber: On Law in Economy and Society, ed. by Max Rbeinstein, Harvard University Press, 1954.

〔註 37〕 Niklas Luhmann: A Theory of Sociology of Law, Routledge & Kegan Paul, 1985.

〔註 38〕 波斯納著，蘇力譯：《法理學問題》，中國政法大學出版社，1994 年版，第 58 頁。

〔註 39〕 霍貝爾著，周勇譯：《民初的法律》，中國社會科學出版社，1993 年版，第 309 頁。

〔註 40〕 蘇力：《變法、法治及本土資源》，見蘇力著：《法治及其本土資源》，中國政法大學出版社，1996 年版，第 6 頁。

　　一是法律改革過程中的立法調查。爲了使新的法律能夠適應近代中國社會的現實需要，沈家本主張進行立法調查。1907 年，沈家本在擬訂的《修訂法律館辦事章程》中就明確規定：「館中修訂各律，凡各省習慣有應實地調查者，得隨時派員前往詳查。」〔註 41〕晚清法律改革中，規模最大的一次調查是晚清民商事習慣調查，這次調查爲編訂大清民律以及引進的近代西方民法的本土化都具有重要的參考作用。

　　二是傳統法律文化的創造性轉化，沈家本主持的晚清法律改革，是在繼承傳統法律文化的基礎上展開的。沈家本對傳統法律文化的繼承，前文已有闡述，這裡不再作詳述，而僅以對《大清律例》的修訂加以說明。《大清律例》是清政府在繼承明朝的立法成果的基礎上制定的，可謂是中國傳統法律文化的結晶和象徵。1904 年，沈家本開始著手對《大清律例》進行修訂，其採用的辦法主要包括刪除、修改、修並和續纂四項。1905 年，刪除一項完成。1908 年，雖然制定了《大清新刑律》，由於該法爭議很大，無法適用。故繼續了對《大清律例》的修訂工作。1909 年，修改的《大清律例》更名爲《大清現行律例》，後刊刻成書，頒行京外。一年之後，清政府即被推翻，民國成立，然其仍然採用了《大清現行律例》的大部分條款。

　　一部沿用了幾百年甚至幾千年的封建專制法典，經過改頭換面，居然被一個號稱「民主共和國」的政府所採用，似乎是一件不可思議的事情。然而，這恰恰說明了法律改革並不必然要推翻現存的法律制度，它完全有可能在原來法律的基礎上加以改進和發展。這種看似保守的做法，不僅僅是一種立法技術，也是法律改革的一種策略。也正是在這個意義上，有學者指出：「變法派沈家本等時而以『託古擬西』的方式，解析其法理概念，我們固可指爲不是創造性的思想，然無可否認者，就革新舊律體制以迎合近代化新法律而言，此種比附是將傳統的事物或思想重塑成近代的事物或思想，亦即從傳統中尋求近代的因子，再加以改造，對於傳統文化，非徒保存『國粹』，而係以科學方法揭開『國粹』之眞相，自有利於新法律文化的繼受。本土的思想家必須演義外來的文化於傳統間架之上，而演義外來法理文化與傳統的間架，尚有另一效用，即可較少外來法理文化的抗拒。……可以說，中國法理近代化之所以困難重重，主要在於謀求近代化的過程中，一直未能與傳統取得協調，

〔註41〕轉引自張德美：《探索與抉擇——晚清法律移植研究》，清華大學出版社，2003 年版，第 410 頁。

從而，也就未能獲得傳統的協助，甚至相互干擾，而牽制了近代化的腳步。」〔註42〕

三、清末法律與政治改革與近代中國政治現代化

清末法律改革，不僅僅意味著近代中國法律現代化的艱難起步，法律改革作爲清末政治改革的最爲基本的內容和最爲重要的路徑，更是促進了近代中國憲政體制的建立，因此清末法律改革對於近代中國政治的現代化也具有重要的意義。

譬如司法獨立爲西方民主憲政的重要的基礎和內容之一，要仿行西方憲政進行政治改革，就必須按照三權分立的原則創建一套新的體制，使立法權、司法權從行政權中分離出來，對此，清末的政治改革者具有較爲清晰的認識。而所謂「東西各國憲政之萌芽，俱本於司法之獨立，而司法之獨立，實賴法律爲之維持」，〔註43〕清末法律改革主要在司法獨立制度的創設和維持司法獨立之相關法律的創制兩個方面推進了近代中國政治的現代化。

光緒三十二年七月十三日清政府頒佈上諭：「時處今日，惟有及時詳晰甄核，廓清積弊，明定責成，必從官制入手，亟應先將官制分別議定，次第更張等因。」第二天，清政府頒佈上諭「急爲立憲之預備，飭令先行釐定官制」，並飭令載澤等「公同編纂，悉心妥訂」，奕劻等「總司核定，候旨遵行」。奕劻等認爲釐定官制「實中國轉弱爲強之關鍵……此次改訂官制既爲預備立憲之基，自以所定官制與憲政相近爲要義。按立憲國官制，不外立法、行政、司法三權並峙，各有專屬，相輔而行，其意美法良。」而中國現時的行政司法體制之「積弊」，「殆有三端」，即「權限之不分」、「職任之不明」、「名實之不副」，故官制改革之始，首要任務是分權以定限、分職以專任、正名以覆實。立法權「當屬議院，今日尚難實行」；行政權「專屬之內閣之各部大臣」；司法權「專屬之法部，以大理院任審判，而法部監督之，均與行政官

〔註42〕黃源盛：《大清新刑律立法爭議的歷史及時代意義》，載於中國法制史學會編：《中國法制現代化之回顧與前瞻：紀念沈家本誕生一百五十二週年——中國法制現代化之回顧及兩岸法制之發展國際學術討論會論文集》，臺灣大學法學院，1993年版，第54～55頁。

〔註43〕沈家本：《修訂法律大臣沈家本奏酌擬法院編製法繕單呈覽摺》，載於故宮博物院明清檔案部編：《清末籌備立憲檔案史料》（下冊），中華書局，1979年版，第843頁。

相對峙，而不爲所節制。」奕劻的這道奏摺，很快得到了清政府的首肯，九月二十日慈禧頒發懿旨，把釐定官制王大臣的官制改革方案公佈，其中「刑部著改爲法部，專任司法。大理寺著改爲大理院，專掌審判。」〔註44〕在地方上，清廷於 1906 年底在京師設立了高等審判廳、城內外地方審判廳和城讞局，實行四級三審制度。並於次年決定在各省省城設立高等審判廳，府及直轄州設立地方審判廳，州縣設立初級審判廳，將四級三審制度推向全國，初步確定了司法獨立的政治原則，奠定了憲政的始基。

　　然憲政制度的有效實施和司法權的公平運作，必然要求建立相應的法律體系，以憲法的形式限制政府的權限和行爲，以民刑法的形式規定和保障人民享有的充分自由。這正是清末法律改革的一向重要內容，「編纂法典，爲預備立憲最要之階級」，〔註 45〕建立合乎世界潮流的法律體系是實現立憲體制和法律政治現代化的前提。在司法制度的創新方面，除了《大理院審判編製法》、《各級審判廳試辦章程》和《法院編製法》等有關司法組織的法律頒行外，還表現爲新創設的法律對近代辯護制度和陪審制度的引進。如前所述，1906 年由修律大臣沈家本負責草擬的《大清刑事民事訴訟法草案》草訂，該法典的一個基本特色是，與國際慣例接軌，首次引進了陪審制度和辯護制度，這是對沿襲幾千年的審判方式的重大調整；其後，《法院編製法》正式規定陪審制度和辯護制度。雖然這些司法改革未及正式實施，清政府旋即滅亡，但其確立的原則卻被以後的南京政府所採用，對清末及民初政治體制的改革和轉型可謂具有開拓性的作用。

　　清末新政的另外一個重要的內容是憲政改革，這也是一次重要的制度嘗試，對於近代中國的政治轉型具有重要的影響。憲政的基本特徵是憲法的創設和民主選舉的議會的建立，清末新政在這幾方面都作了些嘗試。首先，1909年清政府頒佈《欽定憲法大綱》，規定了清末政治體制的基本框架，揭開了中國立憲史的第一頁。在《欽定憲法大綱》裏，雖然承認君主仍然享有以上種種大權，但同時它也規定，司法權必須與行政權分離，君主不再可以隨意以

〔註44〕請參見奕劻：《慶親王奕劻等奏釐定中央各衙門官制繕單進呈摺》，載於故宮博物院明清檔案部編：《清末籌備立憲檔案史料》（上冊），中華書局，1979年版，第463～467頁。

〔註45〕奕劻等：《憲政編查館大臣奕劻等奏議覆核修訂法律辦法摺》，載於故宮博物院明清檔案部編：《清末籌備立憲檔案史料》（下冊），中華書局，1979年版，第 850 頁。

詔令變更法律，對君主的權力作了一定的限制，並在一定程度上承認了人民的合法權利和政治地位，不能不說是近代中國政治的一大進步。〔註46〕而清政府 1911 年 11 月 3 日頒佈的《憲法重大信條十九條》，更是完全根據立憲派的要求，仿行英國君主立憲制的憲政模式，皇帝實際上已無任何實權，國會成立權力的中心。〔註47〕然此時武昌起義業已爆發，「十九信條」頒佈不久，清帝即告退位，事實上並未得到實施。晚清憲政改革運動中，還創辦了諮議局和資政院，其作為省和國家議院的預備機構，對保障公眾的政治參與、監督清政府的決策和制約政府權力起到了一定的作用。

清末政治改革是由清王朝自己所導演的一場以王朝自救為目的的政治改良運動，它試圖通過制度創新的形式，以實現中國政治由傳統向現代的轉型。但這場運動最終失敗了，今天我們來理性地反思清末政治改革失敗的原因，或許能為我們當前的政治體制改革提供某些啓示。本文認為清末政治改革失敗的原因主要來自以下三個方面：一是經濟因素對清末新政的制約。李普塞特通過比較研究發現：「在穩定的民主政治與國民財富、溝通、工業化、教育和城市化的指標之間存在某種相關性」。〔註48〕即是說，市場經濟的發育程度和社會經濟的發展水平是建立穩定的民主憲政制度的前提，而在清末，雖然清廷也進行了經濟改革，一定程度上促進了商品經濟的發展，但中國傳統根深蒂固的自然經濟尚未被打破，使得工商業的發展和市場化的程度非常有限，民主憲政缺乏堅實的社會基礎。二是傳統政治文化制約了晚清政治向民主的轉型。民主的觀念最根本的意義是是「主權在民」——國家為人民所有，應由人民自治，中國傳統政治是王權政治，「普遍王權」的觀念——人間的政治與社會秩序必須依靠秉承「天命」的君王才獲致——籠罩了中國社會幾千年，它和現代西方的民主憲政具有極大的牴觸性，從而制約著晚清政治的轉

〔註46〕譬如《欽定憲法大綱》規定：「司法之權，操諸君上，審判官本由君上委任，代行司法，不以詔令隨時更改者，案件關係至重，故必以已經欽定法律為准，免涉分歧。」對於臣民之權利，大綱規定：「臣民於法律範圍之內，所有言論、著作、出版及集會、結社等事，均准其自由」等。請參見《欽定憲法大綱》，載於夏新華等整理：《近代中國憲政歷程：史料薈萃》，中國政法大學出版社，2004 年版，第 128 頁。

〔註47〕請參見：《憲法重大信條十九條》，載於夏新華等整理：《近代中國憲政歷程：史料薈萃》，中國政法大學出版社，2004 年版，第 149 頁。

〔註48〕（美）西摩‧馬丁‧李普塞特著，張紹宗譯：《政治人——政治的社會基礎》，上海人民出版社，1997 年版，第 416 頁。

型。〔註 49〕三是晚清政府合法性和統治體制有效性的喪失。中國是現代化的後發展國家，其現代化的啟動主要是外力打擊的結果，是作爲救亡圖存的有效手段被提出並實施的，因此，國家作爲一個代表社會整體的機構，是近代化的推動的核心力量，這樣必然要求建立強有力的中央政府。而如前所述，晚清的社會由於地方勢力的崛起，導致了晚清政治的多元，中央政權的軟弱，使得清末政治改革最終走向失敗。

縱觀近代中國的政治發展史，我認爲，清末政治改革雖然未能實現政治轉型的目的，但在諸多方面推動了中國社會的進步和政治的發展。譬如在教育上，科舉制的廢除和近代教育體系的建立，使教育體制完成了從傳統向近代的轉型，並造就了一個新式知識分子群體，帶來了價值觀念的轉變。經濟改革的實施則爲中國民族資本主義的發展創造了有利條件，有力地推動了民族工商業的發展，同時使資產階級作爲一支獨立的力量開始登上政治舞臺。政治改革方案的確定和實施，表明清末的改革已由體制內發展到體制本身。隨著預備立憲的進行，中國歷史上第一部欽定憲法大綱開始產生，儘管按照這個大綱，君主的權力仍然至高無上，但君權畢竟受到一定程度的限制，「朕即法律」的時代一去不復返了。地方和中央也先後建立了帶有議院性質的諮議局和資政院，從而爲立法權與行政權的分離奠定了基礎。司法獨立的原則不僅得到了確認，而且也正在嘗試之中。這不僅是對中國傳統的高度集權的政治體制的否定，而且也使專制政體開始向三權分立的方向演變。儘管清廷一方面同意按照三權分立的原則進行政治改革，一方面卻又違背政治近代化的原理，採取一系列集權措施，力圖控制行政大權，它的自相矛盾使之最終沒有能夠完成這個轉變，但政治變革本身就反映了清末改革的深入和社會的進步。〔註 50〕

正是在上述意義上，有學者指出，清末新政：「是在政治、經濟、教育、軍事等各個方面，較大程度地改革舊的封建體制，推行新的資本主義制度。因此，從總體性質看，清木新政應該是一次資本主義性質的改革。」〔註 51〕

〔註 49〕請參見林毓生：《民主自由與中國的創造轉化》，見林毓生著：《中國傳統的創造性轉化》，三聯書店，1996 年版，第 285 頁。

〔註 50〕請參見吳春梅著：《一次失控的近代化改革——關於清末新政的理性思考》，安徽大學出版社，1998 年版，第 2 頁。

〔註 51〕朱英著：《晚清經濟政策與改革措施》，華中師範大學出版社，1996 年版，第 259 頁。

而清末新政中的政治改革「不僅在政體上採用了資本主義的形式，在國體上也發生了重大變化，民族資產階級已經開始取得一些議政參政權，單純的封建專政制度已不存在，民主政治及有關法律有些在試行，有些在準備和確立之中，整個政治制度正在向資本主義近代化演變邁進。」〔註52〕

在現代化理論中，依據現代化的最初動力淵源，將現代化劃分爲內髮型和外髮型兩種模式。所謂內髮型，是指現代化的最初動力產生於社會的內部；所謂外髮型，則是指現代化的最初動力來自於社會外部的挑戰與衝擊。由這種研究範式演繹開來，法律與政治現代化的模式也可以區分爲內髮型與外髮型兩種模式。內髮型法律與政治現代化模式，是指社會本身的內部力量產生的內部創新，經過長期的法律與政治的漸進變革，而從傳統法律走向現代法律、從傳統政治向現代政治轉變的自然演進的過程；而外髮型法律與政治的現代化則是由於外部環境的影響或者域外政治和法律文化的衝擊，或者說是一個較爲先進的政治與法律體系對一個較爲落後的體系的衝擊而導致的轉型過程。較之內髮型法律與政治的現代化模式，外髮型法律與政治現代化過程中，政府介入的程度要深、力度要大，政府往往成爲法律與政治現代化的直接組織者和推動者，並且往往伴隨著劇烈的政治和法律變革。根據上述理論，近代中國的法律與政治現代化顯然屬於外髮型。長期以來，在學術界研究近代中國歷史時，幾乎形成了一種定勢或者理論範式，即前文已經提到的「衝擊——回應」的模式。根據這種模式，近代中國社會的一切變革都歸之於西方文化的衝擊，近代中國法律與政治的現代化也是西方法律與政治文化在中國傳播的產物。這種分析範式自有其合理性，但無疑也是一種歷史獨斷論，我們當合理估量西方外來因素在中國法律現代化進程中的影響程度。

顯然，西方法律與政治文化的衝擊，無疑是近代中國法律與政治現代化的重要動因之一。兩種完全異質的文化的遭遇，其衝突是難以避免的。而其衝突的結果是，近代西方的法律與政治文化佔據了上風，同時也宣告了傳統中國法律與政治文化的危機和崩潰。可以說，從19世紀末以來，西方法律與政治文化深刻的影響著中國法律與政治發展的方向和格局。譬如有人如是評價近代中國的法律發展：「法律專門化蔚成大勢，傳統的諸法合體的法律體系被諸法分立的法律體系所代替；共和主義觀念廣泛流傳，傳統的封建君主專

〔註52〕 侯宜傑：《二十世紀初中國政治改革風潮》，人民出版社，1993 年版，第 573 ～574 頁。

制體制被資產階級民主共和國所取代；民權意識與身份意識相對峙，並逐步納入法律系統之中，成爲法律制度的重要內容之一；司法與行政相分離，司法獨立體制在一定程度上開始形成。這些無疑都打上了西方法律文化的印記。至於各個法律部門中的法律原則、編纂體系、規範要件等等，也都或多或少地體現了西方法律文化的痕跡。更有甚者，西方列強憑藉武力，通過強加給中國人民的不平等條約體系，攫取了在中國領土上的治外法權——領事裁判權，從而構成了對中國司法主權的侵犯。正是收回領事裁判權的努力，成爲清末採納西方模式進行變法修律的動機之一。因此，在 19 世紀中期到 20 世紀中葉的一百年間，從政體形態到司法體制，從法律編訂到法律實施，中國法制的每一步進展，幾乎都在不同程度上反映了西方法律文化的衝擊和影響。」〔註 53〕體察近代中國政治現代化的歷程，西化也正是近代中國政治現代化轉型的開始。在西方強大現代文明的衝擊下，中國人所作的最深刻反思是學習西方，回應西方，在認識到西方之強大實非兵器，而是政治時，便開始大量引進西方政治文明，企圖用西人之政制來救中國之落後，所以，以西方進化論爲指針的政治觀成爲新政治理論的基石，而在這一新與舊、中與西的激烈振盪中，中國古老的政治傳統開始其沉重的現代化轉型。

那麼，我們是否就可以由此斷言近代中國的政治與法律變革完全是西方文化衝擊的產物呢？我認爲促成這一革命性進程的原因是多方面的，事實上，近代中國社會的發展儘管緩慢，但畢竟處在一種變化的過程之中，所以這一進程是內部因素和外來影響相互作用的歷史產物，西方文化的衝擊只不過是這個綜合動力體系中的一個組成部分。西方的衝擊儘管是一種很重要的外部力量，但這種力量歸根結底要通過影響內因最終發生作用。針對「衝擊與回應」模式的弊端，美國學者柯文提出了「中國中心論」，提出把中國歷史的中心放在中國的「內部取向」。這個理論強調以中國自身爲出發點來探索近代中國社會演化的內部動力，既不低估也不誇大西方對近代中國作用，而是把這種作用置於中國歷史的具體過程中，給予中肯的合理的評價。〔註 54〕柯文認爲近代中國的情境雖然日益受到西方的影響，但這個社會的內在歷史自

〔註 53〕 公丕祥：《法制現代化的理論邏輯》，中國政法大學出版社，1999 年版，第 321
　　　　～322 頁。
〔註 54〕 請參見柯文著，林奇譯：《在中國發現歷史——中國中心觀在美國的興起》，
　　　　中華書局，1989 年版，第 42 頁。

始至終依然是中國的。柯文強調中國社會演變的動力不是來自外部而是來自中國社會的內部，這一思想對我們揭示中國法律與政治現代化的真正動因具有重要的方法論意義。近代中國法律與政治現代化的真正動力，來自於中國社會內部存在著的出於變化狀態中的政治、經濟和社會條件。對此，毛澤東同志指出：「中國封建社會內的商品經濟的發展，已經孕育著資本主義的萌芽，如果沒有外國資本主義的影響，中國也將緩慢地發展到資本主義社會。」〔註55〕

歷史上，中國人曾經創造了舉世無雙的、令人歎為觀止的政治與法律文明。到了近代，中國古老的政治與法律文明遭遇了西方文化空前的挑戰，中國的傳統政治與法律受到了嚴重的削弱甚至根本性的動搖。但中國傳統的政治與法律文化作為一種獨特的把握世界的方式，有著自己獨特的制度規範和價值取向，體現了中華民族獨特的民族心理和體驗，它並沒有消亡，甚至在一定意義上得到了豐富。在中國的政治與法律現代化的進程中，傳統與現代顯然是兩種相互對立相互衝突的理念。但在我看來，政治與法律的現代性既包含這對傳統的否定和超越，也包含了對傳統的某些積極因素的肯定與繼承。因之，從某種意義上說，政治與法律現代化是傳統與現代的一種矛盾運動，乃是社會發展的階段性和連續性內在統一之歷史法則的生動體現。

一種論調認為，對於西方世界而言，現代化是一種主動的自我擴張和發展的過程，而對於非西方社會而言，現代化則是一個被動的外來衝擊進而他化的過程，是引進和接受西方價值觀念、文化形態與制度規範的西方化過程。〔註56〕按照這種邏輯，非西方社會內部無法生成政治與法律現代化的條件，它只有依靠西方文化的衝擊和傳播，才能使自己走向政治與法律現代化的道路，因此，現代化就是西方化。顯然，這種邏輯是不能成立的。誠然，中國政治與法律現代化的腳步確實是從西方開始的，但正如前文已經論及的，西方的政治與法律文化對非西方社會的衝擊，決不是非西方社會政治與法律轉型的惟一動力。非西方社會有其自己獨特的政治與法律文化體系，它深深紮根於本民族深厚的傳統文化心理和集體意識的土壤裏，因而有著自己獨特的現代化的道路和方式。

〔註55〕毛澤東：《中國革命與中國共產黨》，見《毛澤東選集》（第二卷），人民出版社，1991年版，第626頁。
〔註56〕請參見嚴立賢：《「現代化理論」述評》，載於《社會學研究》，1988年第2期。

　　正是在上述的意義上，鄧小平同志始終強調要從中國的具體國情出發，走出一條具有中國特色的現代化的道路。鄧小平指出：「我們的現代化建設，必須從中國的實際出發。無論是革命還是建設，都要注意學習和借鑒外國經驗。但是，照抄照搬別國經驗、別國模式，從來不能得到成功」。〔註57〕

〔註57〕　鄧小平：《中國共產黨第十二次全國代表大會開幕詞》，見《鄧小平文選》（第三卷），人民出版社，1993 年版，第 2 頁。

結　語

　　學界有一種觀點認爲，19 世紀末，資產階級革命力量尙待形成，維新
派是時代的先進者。此後尤其 1905 年同盟會成立以後，革命已經成爲時代
的潮流，只有革命派才是時代的先進者，只有他們的鬥爭才決定著時代的主
要內容和發展方向。所以清末政治改革阻礙了革命的潮流，是落後的、反動
的。〔註1〕這種完全將改革與革命對立起來的觀點，筆者不敢苟同。

　　亨廷頓認爲，革命是指一個社會的政治制度、社會結構、領導權、政府
活動和政策以及社會的主要價值觀和神話，發生迅速的、根本的、暴力的全
國性變革。一場「偉大的」或「社會的」革命意味著社會和政治體系的各個
方面都發生重大的變化。那些在範圍上受到限制，在速度上、在領導層、政
策和政治體制上不太徹底的變化，則我們可以稱之爲改革。〔註2〕可見，革命
是政治發展過程中的質的飛躍，改革則是量的變化，體現了政治發展的連續
性。但兩者並非互不相容，而是延續不斷的一系列的制度變遷，改革往往成
爲革命的先導。列寧認爲，儘管當局自願進行的改革會延緩革命，但當局被
迫進行的改革則會加速革命的到來。〔註3〕清末政治改革正是風雨飄搖中的清
政府被迫進行的政治改革，它打破了傳統的政治格局，促使了政治參與的急
劇擴大，而清末政府中央權威的喪失又使得它無力整合社會資源，使得整個

〔註1〕 轉引自侯宜傑：《二十世紀初中國政治改革風潮 —— 清末立憲運動史》，人民
　　　　出版社，1993 年版，第 574 頁。

〔註2〕 請參見塞繆爾‧亨廷頓著，李盛平等譯：《變革社會中的政治秩序》，華夏出
　　　　版社，1988 年版，第 258、336 頁。

〔註3〕 轉引自塞繆爾‧亨廷頓著，李盛平等譯：《變革社會中的政治秩序》，華夏出
　　　　版社，1988 年版，第 355 頁。

改革處於失控的狀態，最終導致了革命的爆發。正是在這個意義上，美國學者周錫瑞將清末政治改革視為革命的一種促進劑。〔註4〕

從近代中國政治發展的歷程來看，改革與革命亦是交相輝映，改革和革命是一個問題的兩個方面。改革是社會發展在一定階段上的量的積累，這種量的積累達到一定程度，必然導致社會的轉型，不論最後以何種方式實施，但從結果上看，都是革命性的。改革並不僅僅是單純的量變，更重要的是總的量變過程中的部分質變。這種部分質變意味著，政治改革既不是一時性的政策微調，也不是新任政治領導人對前人的施政方針、政府佳話、人事安排和領導作風等等的變通，而是有計劃、有目標、有步驟地對現有政治結構及其運作方式進行興利除弊、革故鼎新的改造。從這種改造的系統性、全面性和深刻性而言，政治改革也是一場「革命」。〔註5〕所以從這個意義上說，清末政治改革亦具有革命性。也正是在這個意義上，有學者將清末政治改革稱之為「新政革命」，甚至認為：「粉碎了經歷 2100 年中國帝制政府模式及其哲學基礎的，不是以孫中山（1866～1925）及其同伴為中心的 1911 年政治革命，相反地卻是 1901 至 1910 年以晚清政府新政為中心的思想和體制的革命。……1911 年革命的主要意義，是保證了新政年代的思想和體制改革繼續存在 —— 既不後撤，也不走回頭路。同時，新政革命及其成就，自 1911 年後一直成為實際的基石，雖然不受承認也沒有公開宣告。結束帝制後的中國，正是在這基石上決定思想和體制的方針，以至今時今日。」〔註6〕

十一屆三中全會以來，鄧小平同志高度評價了改革的作用，他認為改革是中國的第二次革命，不斷地進行改革是推動社會發展的強有力的槓桿。〔註7〕當前中國正在進行一場深刻的社會變革，隨著市場經濟體制的逐步建立和完善，政治體制的改革亦正在深入展開。在這個過程中，不僅帶來了體制的轉型和利益的重新分配，也帶來了新舊價格觀念的衝突和碰撞，這就要求我們在推進改革的同時，必須正確處理好改革、發展與穩定的關係。從清末新

〔註4〕 請參見周錫瑞著，楊慎之譯：《改良與革命 —— 辛亥革命在兩湖》，中華書局，1982 年版，第 8 頁。

〔註5〕 王惠岩主編：《政治學原理》，高等教育出版社，1999 年版，第 266～267 頁。

〔註6〕 （美）仁達著，李仲賢譯：《新政革命與日本 —— 中國，1898～1912》，江蘇人民出版社，1998 年版，第 1 頁。

〔註7〕 請參見鄧小平：《改革是中國的第二次革命》，見《鄧小平文選》（第三卷），人民出版社，1993 年版，第 113 頁。

政以及近代中國的整個政治發展史來看，改革的滯後或超前，政策的激進或保守，都是導致改革失敗的原因之一。在改革中求發展，在發展中求穩定，這就是清末新政留給我們的深刻啓示。

參考文獻

一、學術論文

1. 朱昆：《〈大清新刑律〉與中國法制現代化的啓動》，載於《河南大學學報》，1998 年第 2 期。

2. 劉作翔：《中國法制現代化歷史道路》，載於《西北大學學報》，1999 年第 2 期。

3. 李衛東：《參與和實踐：辛亥革命與中國法制近代化》，載於《華中師範大學學報》，2001 年第 5 期。

4. 劉得寬：《中國的傳統法思想和現代的法發展》，載於《比較法研究》，1992 年第 4 期。

5. 柯嚴：《沈家本法律思想國際學術研討會綜述》，載於《法學研究》，1990 年第 6 期。

6. 馬作武：《沈家本的局限與法律現代化的誤區》，載於《法學家》，1999 年第 4 期。

7. 張國全：《法律文獻考訂例釋 —— 沈家本考訂法律文獻的方法及其成果》，載於《政法論壇》，1992 年第 6 期。

8. 崔永東：《沈家本與中國古代法律史研究》，載於《團結報》，1996 年 10 月 26 日。

9. 李俊：《論沈家本對傳統律學的繼承和發展》，載於《政法論壇》，1998 年第 6 期。

10. 陳金全、陳松：《沈家本與中國法學的傳承及新生 —— 紀念沈家本逝世九十週年》，載於《現代法學》，2003 年第 5 期。

11. 周少元、戴家巨：《從〈論故殺〉看沈家本法學研究方法》，載於《法制與社會發展》，2001 年第 1 期。

12. 史廣全：《從律學到法學的飛躍 —— 沈家本法學方法論初探》，載於《齊齊哈爾大學學報》（哲學社會科學版），2004 年第 5 期。

13. 李貴連：《沈家本中西法律觀論略》，載於《中國法學》，1990 年第 3 期。

14. 霍存福：《沈家本會通中西論》，載於《煙臺大學學報》（社會哲學科學版），1991 年第 3 期。

15. 田莉姝：《論沈家本「會通中外」的法律觀》，載於《貴州大學學報》，1998 年第 3 期。

16. 曾爾恕、黃宇昕：《中華法律現代化的原點 —— 沈家本西法認識形成芻議》，載於《比較法研究》，2003 年第 4 期。

17. 梁治平：《法學盛衰說》，載於《比較法研究》，1993 年第 1 期。

18. 崔永東：《沈家本的刑法思想》，載於《團結報》，1996 年 12 月 14 日。

19. 張煥琴、王勝國：《沈家本與中國刑法制度的近代化》，載於《河北法學》，2001 年第 3 期。

20. 范忠信：《沈家本與新刑律草案的倫理革命》，載於《政法論壇》，2004 年第 1 期。

21. 賴早興、董麗君：《沈家本與清末刑罰輕緩化》，載於《政治與法律》，2004 年第 6 期。

22. 沈厚鐸：《略論沈家本的生活道路及其思想發展》，載於《政法論壇》，1990 年第 4 期。

23. 唐自斌：《論張之洞與沈家本的修律》，載於《湘潭大學學報》（哲學社會科學版），1993 年第 1 期。

24. 杜鋼建：《沈家本岡田朝太郎法律思想比較研究》，載於《中國人民大學學報》，1993 年第 1 期。

25. 張生：《從沈家本到孫中山 —— 中國法律的現代化變革》，載於《中國社會科學院研究生院學報》，2002 年第 1 期。

26. 柯嚴：《沈家本法律思想國際學術研討會綜述》，載於《法學研究》，1990 年第 6 期。

27. 何瑜：《晚清中央集權體制變化原因再析》，載於《清史研究》，1992 年第 1 期。

28. 陳朝璧：《中華法系特點初探》，載於《法學研究》，1980 年第 1 期。

29. 張晉藩：《中華法系特點探源》，載於《法學研究》，1980 年第 4 期。

30. 耘耕：《儒家倫理法批判》，載於《中國法學》，1990 年第 5 期。

31. 楊一凡：《中華法系研究的一個重大誤區 ——「諸法合體、民刑不分」說質疑》，載於《中國社會科學》，2002 年第 6 期。

32. 田濤、李祝環：《清末翻譯外國法學書籍評述》，載於《中外法學》，2000

年第 3 期。

33. 寶成關、田毅鵬:《從「甲午」到「庚子」—— 論晚清華夷觀念的崩潰》,
載於《吉林大學社會科學學報》,2002 年第 1 期。

34. 張耀明:《略論中華法系的解體》,載於《中南政法學院學報》,1991 年
第 3 期。

35. 王晨光:《不同國家法律間的相互借鑒與吸收 —— 比較法研究的一項重
要課題》,載於《中國法學》,1992 年第 4 期。

36. 張文顯:《繼承・移植・改革 —— 法律發展的必由之路》,載於《社會科
學戰線》,1995 年第 2 期。

37. 阿蘭・沃森著、賀衛方譯:《法律移植論》,載於《比較法研究》,1989
年,第 1 期。

38. 王雲霞:《法律移植二論》,載於《公安大學學報》,2002 年第 1 期。

39. 王晨光:《不同國家法律間的相互借鑒與吸收 —— 比較法研究的一項重
要課題》,載於《中國法學》,1992 年第 4 期。

40. 沈宗靈:《論法律移植和比較法學》,載於《外國法譯評》,1995 年第 1
期。

41. 嚴立賢:《「現代化理論」述評》,載於《社會學研究》,1988 年第 2 期。

42. 王永進:《清末新政與社會轉型》,載於《湖南工程學院學報(社會科學
版)》,2005 年第 3 期。

43. 張秋靈:《現代化與反現代化並存下的清末新政 —— 以對清末各階層分
析為中心》,載於《齊魯學刊》,2003 年第 4 期。

45. 蔣秀麗:《論清末新政的敗因》,載於《山東社會科學》,2003 年第 4 期。

46. 朱勇:《清末新政 —— 一場真正的法律革命》,載於《重慶社會科學》,
2002 年第 5 期。

47. 崔志海:《國外清末新政研究專著述評》,載於《近代史研究》,2003 年
第 4 期。

48. 蕭功秦:《清末新政與當代變革研究:範式轉換的意義》,載於《浙江學
刊》,2002 年第 1 期。

49. 謝放:《制度創新與中國現代化:從戊戌變法、清末新政到辛亥革命》,
載於《中華文化論壇》,2002 年第 1 期。

50. 郭世祐:《辛亥革命與清末新政的內在聯繫及其他》,載於《學術研究》,
2002 年第 9 期。

51. 朱英:《清末新政與清朝統治的滅亡》,載於《近代史研究》,1995 年第 2
期。

52. 忻平:《清末新政與中國現代化進程》,載於《社會科學戰線》,1997 年

第 2 期。

53. 陳向陽:《90 年代清末新政研究述評》,載於《近代史研究》,1998 年第 1 期。

54. 張禮恒、王希蓮:《中國現代化運動史上的里程碑 —— 論「清末新政」的歷史地位》,載於《江蘇社會科學》,1999 年第 3 期。

55. 梁嚴冰:《清末「新政」與中國政治體制的近代化》,載於《人文雜誌》,2000 年第 5 期。

56. 蕭功秦:《清末新政與改革政治學》,載於《天涯》,2002 年第 2 期。

二、相關著述

1. C.E.布萊克著,段小光譯:《現代化的動力》,四川人民出版社 1988 年版。

2. 謝暉著:《價值重建與規範選擇:中國法制現代化沉思》,山東人民出版社 2000 年版。

3. M.J.列維著,吳陰譯:《現代化的後來者與倖存者》,知識出版社 1990 年版。

4. J.伯爾曼著,賀衛方等譯:《法律與革命 —— 西方法律傳統的形成》,中國大百科全書出版社 1993 年版。

5. 蘇亦工著:《明清律典與條例》,中國政法大學出版社 2000 年版。

6. 「沈家本與中國法律文化國際學術研討會」組委會編:《沈家本與中國法律文化國際學術研究會論文集》(上、下冊),中國法制出版社 2005 年版。

7. 李貴連著:《沈家本與中國法律現代化》,光明日報出版社 1989 年版。

8. 張晉藩著:《中國法律的傳統與近代轉型》,法律出版社 1999 年版。

9. 李光燦著:《評寄簃文存》,群眾出版社 1985 年版。

10. 韓延龍主編:《法律史論集》(第一卷),法律出版社 1998 年版。

11. 李貴連著:《近代中國法制與法學》,北京大學出版社 2002 年版。

12. 張國華、李貴連編著:《沈家本年譜初稿》,北京大學出版社 1989 年版。

13. 李貴連著:《沈家本傳》,法律出版社 2000 年版。

14. 沈家本撰:《沈家本未刻書集攢》(上、下),中國社會科學出版社 1997 年版。

15. 費正清、劉廣京主編:《劍橋中國晚清史:1800~1911》(上、下),中國社會科學出版社 1996 年版。

16. 寶成關著:《西潮與回應 —— 近四百年思想嬗替研究》,吉林人民出版社 2004 年版。

17. 寶成關著:《西方文化與中國社會 —— 西學東漸史論》,吉林教育出版社

1994 年版。

18. 閻小波著：《中國近代政治發展史》，高等教育出版社 2003 年版。

19. 哈貝馬斯著，張博樹譯：《交往與社會進化》，重慶出版社 1989 年版。

20. 馬克斯·韋伯著，張乃根譯：《論經濟與社會中的法律》，中國大百科全書出版社 1998 年版。

21. 王惠岩主編：《政治學原理》，高等教育出版社 1999 年版。

22. 仁達著，李仲賢譯：《新政革命與日本——中國，1898～1912》，江蘇人民出版社 1998 年版。

23. 故宮博物院明清檔案部編：《清末籌備立憲檔案史料》（上、下冊），中華書局 1979 年版。

24. 陳顧遠著：《中國法制史》，中國書店 1989 年版。

25. 夏瑞春編，陳愛政等譯：《德國思想家論中國》，江蘇人民出版社 1997 年版。

26. 梅因著，沈景一譯：《古代法》，商務印書館 1996 年版。

27. 法學教材編輯部《中國法制史》編寫組：《中國法制史》，群眾出版社 1982 年版。

28. 司法部法學教材編輯部編審：《中國法制史》，中國政法大學出版社 1998 年版。

29. 張晉藩、張希坡、曾憲義編著：《中國法制史》（第一卷），中國人民大學出版社 1981 年版。

30. 張晉藩主編：《法史鑒略》，群眾出版社 1988 年版。

31. 公丕祥著：《中國的法制現代化》，中國政法大學出版社 2004 年版。

32. 沈寄簃著：《沈寄簃先生遺書》，中華書店 1990 年版。

33. 柳詒徵著：《中國文化史》（上、下），上海古籍出版社 2001 年版。

34. 閻小波：《中國早期現代化中的傳播媒介》，上海三聯書店 1995 年版。

35. 熊月之著：《西學東漸與晚清社會》，上海人民出版社 1994 年版。

36. 張之洞：《勸學篇》，世紀出版集團、上海書店出版社 2002 年版。

37. 曲新久著：《刑法的精神與範疇》，中國政法大學出版社 2000 年版。

38. 李貴連著：《沈家本評傳》，南京大學出版社 2005 年版。

39. 苑書義、孫華峰、李秉新主編：《張之洞全集》，河北人民出版社 1998 年版。

40. 丁賢俊、喻作鳳編：《伍廷芳集》，中華書局 1993 年版。

41. 薛梅卿、葉峰著：《中國法制史稿》，高等教育出版社 1990 年版。

42. 葉孝信主編：《中國民法史》，上海人民出版社 1993 年版。

43. 梁慧星著：《民法總論》，法律出版社 1996 年版。

44. 董寶良、熊賢君著：《從湖北看中國教育近代化》，廣東教育出版社 1996 年版。

45. 張國華主編：《博通古今學貫中西的法學家》，陝西人民出版社 1992 年版。

46. 孟德斯鳩著、張雁深譯：《論法的精神》，商務印書館 2004 年版。

47. 《馬克思恩格斯選集》（1～4 卷），人民出版社 1972 年版。

48. 《鄧小平文選》（第三卷），人民出版社 1993 年版。

49. 中國史學會主編：《洋務運動》（一），上海人民出版社 1961 年版。

50. 波斯納著，蘇力譯：《法理學問題》，中國政法大學出版社 1994 年版。

51. 霍貝爾著，周勇譯：《民初的法律》，中國社會科學出版社 1993 年版。

52. 蘇力著：《法治及其本土資源》，中國政法大學出版社 1996 年版。

53. 張德美：《探索與抉擇 —— 晚清法律移植研究》，清華大學出版社 2003 年版。

54. 中國法制史學會編：《中國法制現代化之回顧與前瞻：紀念沈家本誕生一百五十二週年 —— 中國法制現代化之回顧及兩岸法制之發展國際學術討論會論文集》，臺灣大學法學院 1993 年版。

55. 公丕祥：《法制現代化的理論邏輯》，中國政法大學出版社 1999 年版。

56. 柯文著，林奇譯：《在中國發現歷史 —— 中國中心觀在美國的興起》，中華書局 1989 年版。

57. 張晉藩主編：《20 世紀中國法制的回顧與前瞻》，中國政法大學出版社 2002 年版。

58. 博登海默著，鄧正來等譯：《法理學、法律哲學與法律方法》，中國政法大學出版社 1999 年版。

59. 里斯本小組著，張世鵬譯：《競爭的極限 —— 經濟全球化與人類未來》，中央編譯出版社 2000 年版。

60. 美國法律文庫暨法學翻譯與法律變遷研討會編：《法學翻譯與中國法的現代化：《美國法律文庫暨法學翻譯與法律變遷》研討會紀實》，中國政法大學出版社 2005 年版。

61. 李貴連著：《近代中國法制與法學》，北京大學出版社 2002 年版。

62. 曹全來著：《國際化與本土化 —— 中國近代法律體系的形成》，北京大學出版社 2005 年版。

63. 韓秀桃著：《司法獨立與近代中國》，清華大學出版社 2003 年版。

64. 尤志安著：《清末刑事司法改革研究 —— 以中國刑事訴訟制度近代化為視角》，中國人民公安大學出版社 2004 年版。

65. 李春雷著:《中國近代刑事訴訟制度變革研究（1895～1928)》,北京大學出版社 2004 年版。

66. 俞榮根、龍大軒、呂志興編著:《中國傳統法學述論》,北京大學出版社 2005 年版。

67. 張禮恒著:《從西方到東方——伍廷芳與中國近代社會的演進》,商務印書館 2002 年版。

68. 卞修全著:《立憲思潮與清末法制改革》,中國社會科學出版社,2003 年版。

69. 高旺著:《晚清中國的政治轉型——以清末憲政改革爲中心》,中國社會科學出版社 2003 年版。

70. 程燎原著:《清末法政人的世界》,法律出版社 2003 年版。

71. 張生主編:《中國法律近代化論集》,中國政法大學出版社 2002 年版。

72. 殷嘯虎著:《近代中國憲政史》,上海人民出版社 1997 年版。

73. 石畢凡著:《近代中國自由主義憲政思潮研究》,山東人民出版社 2004 年版。

74. 張晉藩著:《中國近代社會與法制文明》,中國政法大學出版社 2003 年版。

75. 王健編:《西法東漸——外國人與中國法的近代變革》,中國政法大學出版社 2001 年版。

76. 張晉藩主編:《清朝法制史》,中華書局 1998 年版。

77. 侯強著:《社會轉型與近代中國法制現代化:1840～1928》,中國社會科學出版社 2005 年版。

78. 公丕祥著:《東方法律文化的歷史邏輯》,法律出版社 2002 年版。

79. 張廣興、公丕祥主編:《20 世紀中國法學與法制現代化》,南京師範大學出版社 2000 年版。

80. 薛君度、公丕祥主編:《法制現代化與中國經濟發展》,南京師範大學出版社 1997 年版。

81. 公丕祥主編:《中國法制現代化的進程——激蕩的法制變革浪潮:1840～1949》,中國人民公安大學出版社 1991 年版。

82. 梁臨霞著:《中國傳統法律文化與法制現代化》,中國政法大學出版社 1992 年版。

83. 王健著:《溝通兩個世界的法律意義:晚清西方法的輸入與法律新詞初探》,中國政法大學出版社 2001 年版。

84. 何勤華主編:《法的移植與法的本土化》,法律出版社 2001 年版。

85. 陳鋒、張篤勤主編:《張之洞與武漢早期現代化:《人文論叢》特輯》,中

國社會科學出版社 2004 年版。

86. 李細珠著：《張之洞與清末新政研究》，上海書店出版社 2003 年版。

87. 黎仁凱、鍾康模著：《張之洞與近代中國》，河北大學出版社 1999 年版。

88. 王曉秋、尚小明主編：《戊戌維新與清末新政：晚清改革史研究》，北京大學出版社 1998 年版。

89. 夏新華等整理：《近代中國憲政歷程：史料薈萃》，中國政法大學 2004 年版。

90. 吉爾伯特‧羅茲曼著，國家社會科學基金「比較現代化」課題組譯：《中國的現代化》，江蘇人民出版社 1988 年版。

91. 梁治平著：《法辨：中國法的過去、現在與未來》，中國政法大學出版社 2002 年版。

92. 倪正茂主編：《批判與重建：中國法律史研究反撥》，法律出版社 2002 年版。

93. 林乾、趙曉華著：《百年法律省思》，中國經濟出版社 2001 年版。

94. 梁治平著：《清代習慣法：社會與國家》，中國政法大學出版社 1996 年版。

95. 章開沅主編：《折斷了的槓杆：清末新政與明治維新比較研究》，湖南出版社 1992 年版。

96. 侯宜傑著：《二十世紀中國政治改革風潮 —— 清末立憲運動史》，人民出版社 1993 年版。

97. 吳春梅著：《一次失控的近代化改革 —— 關於清末新政的理性思考》，安徽大學出版社 1998 年版。

98. 周錫瑞著，楊慎之譯：《改良與革命 —— 辛亥革命在兩湖》，中華書局 1982 年版。

99. 塞繆爾‧亨廷頓著，李盛平等譯：《變革社會中的政治秩序》，華夏出版社 1988 年版。

100. 朱英著：《晚清經濟政策與改革措施》，華中師範大學出版社 1996 年版。

101. 林毓生著：《中國傳統的創造性轉化》，三聯書店 1996 年版。

102. 西摩‧馬丁‧李普塞特著，張紹宗譯：《政治人 —— 政治的社會基礎》，上海人民出版社 1997 年版。

103. 金耀基著：《從傳統到現代》，中國人民大學出版社 1999 年版。

104. 李文海著：《世紀之交的晚清社會》，中國人民大學出版社 1995 年版。

105. 謝俊美著：《政治制度與近代中國》，上海人民出版社 1995 年版。

106. 章開沅、羅福惠主編：《比較中的審視：中國早期現代化研究》，浙江人民出版社 1993 年版。

107. 胡繩五、金沖及著：《論清末的立憲運動》，上海人民出版社 1959 年版。

108. 馬作武著：《清末法制變革思潮》，蘭州大學出版社 1997 年版。

109. 郭世祐著：《晚清政治革命新論》，湖南人民出版社 1997 年版。

110. 公丕祥著：《法制現代化的理論邏輯》，中國政法大學出版社，2003 年版。

111. R.M.昂格爾著，吳玉章等譯：《現代社會中的法律》，譯林出版社，2001 年版。

112. 張文顯主編：《政治與法治 —— 中國政治體制改革與法制建設的理論思考》，吉林大學出版社，1994 年版。

113. 姚建宗著：《法律與發展研究導論》，吉林大學出版社，1998 年版。

114. 蘇力著：《道路通向城市 —— 轉型中國的法治》，法律出版社，2004 年版。

115. 強世功著：《法制與治理 —— 國家轉型中的法律》，中國政法大學出版社，2003 年版。

116. 王惠岩著：《法學基礎理論》，紅旗出版社，2000 年版。

117. 黃仁宇著：《萬曆十五年》，三聯書店 1997 年版。

118. 王濤著：《中國近代中國的變遷（1689～1911）》，法律出版社 1995 年版。

119. 塞繆爾·亨廷頓等著，羅榮渠等譯：《現代化：理論與歷史經驗的再探討》，上海譯文出版社 1993 年版。

120. Giovanni Satori: Parties and Party Systems: A Framework for Analysis, Cambridge University Press, 1976.

121. G.W. Keeton: The Development of Extraterritoriality in China, Longmans, 1928.

122. Max Weber: On Law in Economy and Society, ed. by Max Rbeinstein, Harvard University Press, 1954.

123. Niklas Luhmann: A Theory of Sociology of Law, Routledge & Kegan Paul, 1985.

124. Fincher, John H.: Chinese Democracy: the selg-government movement in local, provincial and national politics, 1905-1914, London, Croom Helm, 1981.

125. Meribeth E. Cameron.: The Reform Movement in China, 1898-1912, Stanford University Press, 1931.